French
Vocabulary

BROCKHAMPTON PRESS
LONDON

This edition published 1995 by Brockhampton Press,
a member of the Hodder Headline PLC Group.

ISBN 1 86019 042 1

2 4 6 8 10 9 7 5 3

Printed and bound in India.

Contents

The Body	Le corps
1	
head	la tête
hair	les cheveux *m*
dark	brun
fair	blond
bald	chauve
brown (*hair*)	châtain
smooth	lisse
curly	frisé
grey hair	les cheveux *m* gris
scalp	le cuir chevelu
2	
face	la figure
features	les traits *m*
forehead	le front
cheek	la joue
wrinkle	la ride
dimple	la fossette
chin	le menton
beautiful	belle
handsome	beau
pretty	joli
3	
ugly	laid
ugliness	la laideur
beauty	la beauté
beauty spot	le grain de beauté
freckle	la tache de rousseur
ear	l'oreille *f*
hearing	l'ouïe *f*
to hear	entendre
to listen	écouter

4

listener	l'auditeur, l'auditrice
earlobe	le lobe de l'oreille
deaf	sourd
mute	muet
deaf-mute	sourd-muet
deafness	la surdité
to deafen	assourdir
deafening	assourdissant
eardrum	le tympan
sound	le son

5

noise	le bruit
eye	l'œil *m*
senses	les sens *m*
eyesight	la vue
tear	la larme
eyebrow	le sourcil
to frown	froncer les sourcils
eyelid	la paupière
eyelash	le cil
pupil	la pupille

6

retina	la rétine
iris	l'iris *m*
glance	le coup d'œil
to glance	jeter un coup d'oeil
to see	voir
to look	regarder
visible	visible
invisible	invisible
blind	aveugle
blindness	la cécité

7

to blind	aveugler
blind spot	le point aveugle
one-eyed	borgne
cross-eyed	qui louche
to observe	observer
to notice	remarquer
expression	l'expression *f*
to smile	sourire
smile	le sourire
to laugh	rire

8

laugh	le rire
laughing	riant
mouth	la bouche
tongue	la langue
lip	la lèvre
tooth	la dent
eyetooth	la canine supérieure
gum	la gencive
palate	le palais
to say	dire

9

saying	le proverbe
to speak	parler
to shout	crier
to be quiet	se taire
touch	le toucher
to touch	toucher
to feel	sentir
tactile	tactile
nose	le nez
nostril	la narine

10

bridge (nose)	l'arête *m* du nez
smell (sense)	l'odorat *m*
smell	l'odeur *f*
to smell (of)	sentir
to taste (of)	avoir le goût de
to taste	goûter
taste (sense)	le goût
taste bud	les papilles *f*
tasty	savoureux
tasting	la dégustation

11

moustache	la moustache
beard	la barbe
facial hair	les poils du visage
sideburns	les pattes
dandruff	les pellicules *f*
plait	la tresse
curl	la boucle
to shave	se raser
to grow a beard	se laisser pousser la barbe
bearded	barbu

12

clean-shaven	glabre
jaw	la mâchoire
throat	la gorge
neck	le cou
shoulder	l'épaule
back	le dos
chest	la poitrine
breast	le sein
to breathe	respirer
breath	le souffle

13

breathing	la respiration
lung	le poumon
windpipe	la trachée-artère
heart	le cœur
heartbeat	le battement de cœur
rib	la côte
side	le flanc
limb	le membre
leg	la jambe
lame	boiteux

14

to limp	boiter
thigh	la cuisse
calf	le mollet
tendon	le tendon
groin	l'aine *f*
muscle	le muscle
knee	le genou
kneecap	la rotule
to kneel	s'agenouiller
foot	le pied

15

heel	le talon
toe	l'orteil *m*
sole	la plante du pied
ankle	la cheville
instep	la cambrure du pied
arm	le bras
forearm	l'avant-bras *m*
right-handed	droitier
left-handed	gaucher
right	la droite

16
left	la gauche
hand	la main
to handle	manier
handshake	la poignée de main
handful	la poignée
finger	le doigt
index finger	l'index *m*
thumb	le pouce
palm	la paume
nail	l'ongle *m*

17
wrist	le poignet
elbow	le coude
fist	le poing
knuckle	l'articulation *f* du doigt
bone	l'os *m*
spine	la colonne vertébrale
skeleton	le squelette
skull	le crâne
blood	le sang
vein	la veine

18
artery	l'artère *f*
capillary	le vaisseau capillaire
liver	le foie
skin	la peau
pore	le pore
sweat	la sueur
to sweat	transpirer
scar	la cicatrice
wart	la verrue
complexion	le teint

19

brain	le cerveau
kidney	le rein
bladder	la vessie
spleen	la rate
gland	la glande
larynx	le larynx
ligament	le ligament
cartilage	le cartilage
womb	l'utérus *m*
ovary	l'ovaire *m*

20

height	la taille
big	grand
small	petit
tall	grand
short	petit
fat	gros
thin	mince
strong	fort
strength	la force
weak	faible

21

to be knock-kneed	avoir les genoux *m* cagneux
to be bow-legged	avoir les jambes *f* arquées
to stand	être debout
to stand up	se lever
to raise	lever
to lie down	s'allonger
to sleep	dormir
sleep	le sommeil
to be sleepy	avoir sommeil
to dream	rêver

22

to doze	somnoler
to fall asleep	s'endormir
asleep	endormi
to be awake	être éveillé
to wake up	se réveiller
drowsy	somnolent
dream	le rêve
nightmare	le cauchemar
conscious	conscient
unconscious	inconscient

Clothes   *Les vêtements*

23

jacket	la veste
trousers	le pantalon
jeans	le jean
dungarees	la salopette
overalls	la blouse
braces	les bretelles
sweater	le chandail
to darn	rapiécer
sock	la chaussette
raincoat	l'imperméable

24

overcoat	le manteau
to shelter	s'abriter
to protect	protéger
hat	le chapeau
brim	le bord
shadow	l'ombre *f*
cap	la casquette

glasses	les lunettes
earmuffs	le serre-tête
walking stick	la canne

25

umbrella	le parapluie
cloth	la toile
fine	fin
thick	épais
coarse	rude
shirt	la chemise
T-shirt	le T-shirt
tie	la cravate
handkerchief	le mouchoir
suit	le complet

26

waistcoat	le gilet
skirt	la jupe
miniskirt	la minijupe
blouse	le chemisier
stockings	les bas *m*
veil	le voile
beret	le béret
collar	le col
gloves	les gants
belt	la ceinture

27

scarf	l'écharpe *f*
button	le bouton
to button	boutonner
to unbutton	déboutonner
new	neuf, nouveau
second-hand	d'occasion
graceful	gracieux

| narrow | étroit |
| broad | large |

28

ready-made	de confection
to make	faire
to get made	faire faire
to wear	porter
to use	user
worn out	usé
useful	utile
useless	inutile
practical	pratique

29

housecoat	le peignoir
nightdress	la chemise de nuit
pyjamas	le pyjama
underpants	le slip
knickers	le slip
petticoat	le jupon
slip	la combinaison
bra	le soutien-gorge
leotard	le collant

30

coat hanger	le cintre
zip	la fermeture éclair
wristband	le poignet
sweatshirt	le sweatshirt
shorts	le short
tracksuit	le survêtement
dress	la robe
to dress	habiller
to dress oneself	s'habiller
to take off	ôter

31

to remove	enlever
to undress	se déshabiller
naked	nu
to put	mettre
to put on	mettre
sash	la ceinture à nœud
apron	le tablier
shawl	le châle
sleeve	la manche
to sew	coudre

32

seam	la couture
seamstress	la couturière
thread	le fil
needle	l'aiguille *f*
hole	le trou
scissors	les ciseaux *m*
ribbon	le ruban
linen	le lin
lace	la dentelle
velcro	le velcro

33

fur	la fourrure
furry	en peluche *f*
silk	la soie
silky	soyeux
velvet	le velours
cotton	le coton
nylon	le nylon
fan	l'éventail *m*
in fashion	à la mode
out of fashion	démodé

34

dressmaker	la couturière
pocket	la poche
bag	le sac
pin	l'épingle *f*
to tie	attacher, nouer
to untie	détacher, dénouer
to loosen	desserrer
sandal	la sandale
slipper	le chausson
pair	la paire

35

lace	le lacet
shoe	la chaussure
sole	la semelle
heel	le talon
to polish	cirer
shoe polish	le cirage
shoehorn	le chausse-pied
boot	la botte
leather	le cuir
rubber	le caoutchouc

36

suede	le daim
barefoot	nu-pieds
to put on one's shoes	se chausser
to take off one's shoes	se déchausser
footwear	les chaussures *f*
shoemaker	le chausseur
ring	l'anneau
diamond	le diamant
necklace	le collier
bracelet	le bracelet

Family and Relationships
La famille et les relations

37

father	le père
mother	la mère
parents	les parents *m*
son	le fils
daughter	la fille
children	les enfants *m*
brother	le frère
sister	la sœur
brotherhood	la fraternité
brotherly	fraternel

38

elder	aîné
younger	cadet
husband	le mari
wife	la femme
uncle	l'oncle *m*
aunt	la tante
nephew	le neveu
niece	la nièce
grandfather	le grand-père
grandmother	la grand-mère

39

grandparents	les grands-parents *m*
grandson	le petit-fils
granddaughter	la petite-fille
boy	le garçon
girl	la fille
cousin	le cousin, la cousine
twin	le jumeau, la jumelle

baby	le bébé
child	l'enfant *m*
to be born	naître

40

to grow up	grandir
name	le nom
surname	le nom de famille
birthday	l'anniversaire *m*
age	l'âge *m*
old	vieux
to get old	vieillir
old man	le vieil homme
old woman	la vieille dame
youth	le jeune

41

young	jeune
young man	le jeune homme
young woman	la jeune femme
father-in-law	le beau-père
mother-in-law	la belle-mère
son-in-law	le gendre
daughter-in-law	la bru
brother-in-law	le beau-frère
sister-in-law	la belle-sœur
orphan	l'orphelin, l'orpheline

42

stepfather	le beau-père
stepmother	la belle-mère
stepson	le beau-fils
stepdaughter	la belle-fille
stepbrother	le demi-frère
stepsister	la demi-sœur
bachelor	célibataire

spinster	célibataire
widower	le veuf
widow	la veuve

43

ancestors	les ancêtres
descendants	les descendants
boyfriend	le petit ami
girlfriend	la petite amie
couple	le couple
love	l'amour *m*
to fall in love	tomber amoureux, amoureuse
to marry	se marier
wedding	le mariage
honeymoon	la lune de miel

44

maternity	la maternité
paternity	la paternité
to be pregnant	être enceinte
to give birth	accoucher
childbirth	l'accouchement
nurse	la nourrice
child minder	la gardienne d'enfants
to baby-sit	garder les enfants
baby-sitter	le/la babysitter
godmother	la marraine

45

godfather	le parrain
baptism	le baptême
to baptise	baptiser
crèche	la crèche
to breastfeed	allaiter
infancy	la petite enfance
to spoil (child)	gâter

spoiled	gâté
divorce	le divorce
separation	la séparation

46

family planning	le planning familial
familiar	familier
contraception	la contraception
contraceptive	le contraceptif
contraceptive pill	la pilule anticonceptionnelle
condom	le préservatif
abortion	l'avortement *m*
to have an abortion	se faire avorter
period	les règles *f*
to menstruate	avoir ses règles *f*
to conceive	concevoir

47

middle-aged	entre deux âges
menopause	la ménopause
to retire	prendre sa retraite
pensioner	le retraité, la retraitée
the aging process	le vieillissement
old age	le troisième âge
death	la mort, le décès
to die	mourir, décéder
dying	moribond
deathbed	le lit de mort

48

dead man	le mort
dead woman	la morte
death certificate	le certificat de décès
mourning	le deuil
burial	l'enterrement *m*
to bury	enterrer

grave	la tombe
cemetery	le cimetière
wake	la veillée funèbre
coffin	le cercueil

49

deceased	le défunt, la défunte
late	feu
to console	consoler
to weep	pleurer
to wear mourning	porter le deuil
to survive	survivre
crematorium	le crématorium
cremation	l'incinération *f*
to cremate	incinérer
ashes	les cendres *f*

Health   La santé

50

sickness	la maladie
nurse	l'infirmier, l'infirmière
infirmary	l'infirmerie *f*
sick	malade
hospital	l'hôpital *m*
patient	le patient, la patiente
cough	la toux
to cough	tousser
to injure	blesser
injury	la blessure

51

cramp	la crampe
to cut oneself	se couper
to dislocate	se démettre

to faint	s'évanouir
to be ill	être malade
to become ill	tomber malade
to look after	soigner
care	les soins *m*
careful	soigneux

52

carelessness	la négligence, l'imprudence
careless	négligent, imprudent
negligent	négligent
doctor	le médecin
medicine	le médicament
prescription	l'ordonnance *f*
pharmacist	le pharmacien, la pharmacienne
pharmacy	la pharmacie
cure	le remède
curable	curable

53

incurable	incurable
to cure	guérir
to get well	se rétablir
healthy	sain
unhealthy	malsain
to recover	se remettre, se rétablir
pain	la douleur
painful	douloureux
to suffer	souffrir

54

diet	le régime
obesity	l'obésité *f*
obese	obèse
anorexic	anorexique
anorexia	l'anorexie *f*

obsession	l'obsession *f*
to get fat	grossir
headache	le mal de tête
toothache	la rage de dents
stomach ache	le mal de ventre

55

indigestion	l'indigestion *f*
aspirin	l'aspirine *f*
migraine	la migraine
food poisoning	l'intoxication *f* alimentaire
sore throat	le mal de gorge
hoarse	enroué
pale	pâle
to turn pale	pâlir
faintness	le malaise
cold (illness)	le rhume

56

to catch a cold	s'enrhumer
wound	la plaie
surgeon	le chirurgien
to heat	réchauffer
hot	chaud
temperature	la température
perspiration	la sueur
sweaty	en sueur
fever	la fièvre
germ	le germe

57

microbe	le microbe
contagious	contagieux
vaccine	le vaccin
to shiver	frissonner
madness	la folie

mad	fou
drug	la drogue
pill	le cachet
to scar	se cicatriser
stitches	les points *m* de suture

58

to relieve	soulager
swollen	enflé
boil	le furoncle
to bleed	saigner
blood	le sang
to clot	se coaguler
blood cell	la cellule sanguine
blood group	le groupe sanguin
blood pressure	la tension artérielle
blood test	l'analyse *f* de sang
check up	l'examen *m* médical

59

epidemic	l'épidémie *f*
plague	la peste
allergy	l'allergie *f*
allergic	allergique
angina	l'angine *f*
tonsillitis	l'amygdalite *f*
fracture	la fracture
cast	le plâtre
crutches	les béquilles *f*
wheelchair	le fauteuil roulant

60

haemophiliac	hémophile
haemophilia	l'hémophilie *f*
cholesterol	le cholestérol
vitamin	la vitamine

calorie	la calorie
handicapped persons	les handicapés
handicap	le désavantage
pneumonia	la pneumonie
heart attack	la crise cardiaque
bypass operation	le pontage

61

heart surgery	la chirurgie du cœur
microsurgery	la microchirurgie
pacemaker	le stimulateur cardiaque
heart transplant	la greffe du cœur
smallpox	la variole
stroke	l'apoplexie *f*
tumour	la tumeur
HIV positive	séropositif (au virus VIH)
AIDS	le sida
cancer	le cancer

62

breast cancer	le cancer du sein
chemotherapy	la chimiothérapie
screening	la visite de dépistage
diagnosis	le diagnostic
antibody	l'anticorps *m*
antibiotic	l'antibiotique *m*
depression	la dépression
depressed	déprimé
to depress	déprimer
to undergo an operation	subir une opération

63

painkiller	l'analgésique *m*
treatment	le traitement
anaesthetic	l'anesthésie *f*
anaesthetist	l'anesthésiste

donor	le donneur
genetic engineering	le génie génétique
test-tube baby	le bébé-éprouvette
surrogate mother	la mère-porteuse
infertile	stérile
hormone	l'hormone *f*

64

psychologist	le, la psychologue
psychology	la psychologie
psychoanalyst	le, la psychanalyste
psychoanalysis	la psychanalyse
psychosomatic	psychosomatique
hypochondriac	l'hypocondriaque
plastic surgery	la chirurgie esthétique
face-lift	le lissage
implant	l'implant *m*
self-esteem	l'amour-propre *m*

65

to smoke	fumer
passive smoking	le tabagisme passif
to inhale	avaler la fumée
withdrawal symptoms	l'état *m* de manque
alcohol	l'alcool *m*
hangover	la gueule de bois
alcoholic	l'alcoolique
drug addict	le toxicomane
drug addiction	la toxicomanie
drugs traffic	le trafic de drogue

66

heroin	l'héroïne *f*
cocaine	la cocaïne
drugs trafficker	le trafiquant de drogue
to launder money	blanchir de l'argent

syringe	la seringue
to inject	injecter
to take drugs	se droguer
clinic	la clinique
outpatient	le malade en consultation externe
therapy	la thérapie

Nature — *La nature*

67

world	le monde
natural	naturel
creation	la création
the Big Bang theory	la théorie du big-bang
supernatural	surnaturel
to create	créer
sky	le ciel
galaxy	la galaxie
the Milky Way	la voie lactée
the Plough	la Grande Ourse

68

astronomer	l'astronome
astronomy	l'astronomie
telescope	le téléscope
UFO	l'OVNI *m* (objet volant non identifié)
light year	l'année-lumière *f*
asteroid	l'astéroïde *m*
meteor	la méteorite
comet	la comète
star	l'étoile *f*
starry	étoilé

69

to twinkle	scintiller
to shine	briller
planet	la planète
Earth	la Terre
Mercury	Mercure
Venus	Vénus
Mars	Mars
Jupiter	Jupiter
Saturn	Saturne
Uranus	Uranus

70

Neptune	Neptune
Pluto	Pluton
orbit	l'orbite *f*
to orbit	graviter autour de
gravity	la pesanteur
satellite	le satellite
moon	la lune
eclipse	l'éclipse *f*
sun	le soleil
sunspot	la tache solaire

71

ray	le rayon
radiate	irradier
radiant	radieux, rayonnant
midnight sun	le soleil de minuit
shining	brillant
brilliancy	l'éclat *m*
sunrise	le lever de soleil
to rise	se lever
sunset	le coucher de soleil
to set	se coucher

72

dawn	l'aube
to dawn	poindre
dusk	le crépuscule
nightfall	la tombée de la nuit
earthquake	le tremblement de terre
volcano	le volcan
eruption	l'éruption *f*
deserted	désert
desert	le désert
plain	la plaine

73

flat	plat
level	le niveau
valley	la vallée
hill	la colline
mountain	la montagne
mountainous	montagneux
peak	le pic
summit	le sommet
range of mountains	la chaîne de montagnes
crag	le rocher escarpé

74

rock	la roche
steep	abrupt
slope	la pente
coast	la côte
coastal	côtier
shore	le rivage
beach	la plage
cliff	la falaise
sea	la mer
tide	la marée

75

high tide	la marée haute
low tide	la marée basse
ebb tide	le reflux
flood tide	le flux
wave	la vague
foam	l'écume *f*
tempest	la tempête
hurricane	l'ouragan *m*
gulf	le golfe
bay	la baie

76

cape	le cap
straits	le détroit
island	l'île *f*
spring	la source
fountain	la fontaine
waterfall	la cascade
stream	le cours d'eau
river	la rivière
current	le courant
draught	le courant d'air

77

glacier	le glacier
iceberg	l'iceberg *m*
ice cap	la calotte glaciaire
icefloe	la banquise
to flood	inonder
border	le bord
lake	le lac
pond	l'étang *m*
marsh	le marais
marshy	marécageux

78

deep	profond
depth	la profondeur
weather	le temps
fine weather	le beau temps
climate	le climat
barometer	le baromètre
thermometer	le thermomètre
degree	le degré
air	l'air *m*
breeze	la brise

79

cool, fresh	frais
wind	le vent
windy	venteux
dampness	l'humidité *f*
damp	humide
to wet	mouiller
wet	mouillé
storm	la tempête, l'orage *m*
stormy	orageux
dry	sec

80

drought	la sécheresse
to dry	sécher
rainbow	l'arc-en-ciel *m*
rain	la pluie
rainy	pluvieux
to rain	pleuvoir
drop	la goutte
shower	l'ondée *f*
cloud	le nuage
cloudy	nuageux

81

to cloud over	se couvrir
to clear up	se dégager
lightning	la foudre
lightning conductor	le paratonnerre
flash of lightning	l'éclair *m*
sheet lightning	les éclairs *m* en nappe
fork lightning	les éclairs *m* en zigzag
harmful	nuisible
to harm	endommager
thunder	le tonnerre

82

to thunder	tonner
fog	le brouillard
mist	la brume
foggy	brumeux
misty	brumeux, embrumé
snow	la neige
snowstorm	la tempête de neige
snowfall	la chute de neige
hailstone	le grêlon

83

to hail	grêler
to freeze	geler
frozen	gelé
icicle	le glaçon
frost	la gelée blanche
to thaw	fondre
ice	la glace
thaw	le dégel
heatwave	la canicule
sultry	lourd

Minerals — *Les minéraux*

84

metal	le métal
mine	la mine
mineral	le minéral
forge	la forge
to forge	forger
steel	l'acier *m*
iron	le fer
iron *adj*	en fer
bronze	le bronze
brass	le laiton

85

copper	le cuivre
tin	l'étain *m*
lead	le plomb
zinc	le zinc
nickel	le nickel
aluminium	l'aluminium *m*
silver	l'argent *m*
gold	l'or *m*
platinum	le platine
mould	le moule

86

to extract	extraire
to exploit	exploiter
miner	le mineur
to melt, smelt	fondre
to mould	mouler
rust	la rouille
rusty	rouillé
to solder	souder

to alloy	allier
alloy	l'alliage *m*

87

stone	la pierre, le caillou
stony	caillouteux
quarry	la carrière
granite	le granit
to polish	polir
polished	poli
smooth	lisse
marble	le marbre
lime	la chaux
chalk	la craie

88

clay	l'argile *f*
sulphur	le soufre
jewel	le joyau
pearl	la perle
diamond	le diamant
ruby	le rubis
emerald	l'émeraude
mother-of-pearl	le nacre
enamel	l'émail *m*
sapphire	le saphir

89

agate	l'agate *f*
opal	l'opale *f*
lapis-lazuli	le lapis-lazuli
obsidian	l'obsidienne *f*
garnet	le grenat
alkali	l'alcali *m*
acid	l'acide *m*
acidity	l'acidité *f*

plutonium	le plutonium
radium	le radium

Animals *Les animaux*

90

domestic	domestique
tame	apprivoisé
cat	le chat
kitten	le chaton
to mew	miauler
feline	le félin
claw	la griffe
dog	le chien
bitch	la chienne
puppy	le chiot

91

to bark	aboyer
canine	canin
watchful	vigilant
watchdog	le chien de garde
pet	l'animal *m* familier
breed	la race
greyhound	le lévrier
alsatian	le berger allemand
terrapin	la tortue d'eau douce
tropical fish	le poisson exotique

92

aquarium	l'aquarium *m*
aquatic	aquatique
horse	le cheval
to neigh	hennir
stallion	l'étalon *m*

mare	la jument
colt	le poulain
donkey	l'âne *m*
bray	braire
mule	le mulet

93

male	le mâle
female	la femelle
livestock	le bétail
horn	la corne
paw	la patte
hoof	le sabot
tail	la queue
flock	le troupeau
cow	la vache
ox	le bœuf

94

to low	mugir
bull	le taureau
calf	le veau
heifer	la génisse
lamb	l'agneau
sheep	le mouton
ram	le bélier
ewe	la brebis
goat	la chèvre
pig	le cochon

95

grunt	grogner
to fatten	engraisser
wild	sauvage
carnivorous	carnivore
herbivorous	herbivore

omnivorous	omnivore
quadruped	le quadrupède
biped	le bipède
mammal	le mammifère
warm-blooded	à sang chaud

96

predator	le prédateur
prey	la proie
lion	le lion
lioness	la lionne
cub	le lionceau
to roar	rugir
mane	la crinière
tiger	le tigre
tigress	la tigresse
cheetah	le guépard

97

leopard	le léopard
lynx	le lynx
mountain lion	le puma
hyena	la hyène
jackal	le chacal
to scavenge	dépecer une charogne
scavenger	le charognard
carrion	la charogne
jaguar	le jaguar
tapir	le tapir

98

buffalo	le buffle
mongoose	la mangouste
porcupine	le porc-épic
armadillo	le tatou
skunk	la mouffette

sloth	le paresseux
rhinoceros	le rhinocéros
hippopotamus	l'hippopotame *m*
wolf	le loup
pack	la meute

99

bear	l'ours *m*
to hibernate	hiberner
zebra	le zèbre
bison	le bison
to graze	brouter
pasture	le pâturage
wild boar	le sanglier
ferocious	féroce
bristle (boar)	la soie
elephant	l'éléphant *m*

100

tusk	la défense
trunk	la trompe
camel	le chameau
hump	la bosse
dromedary	le dromadaire
llama	le lama
deer	le chevreuil
doe	la biche
stag	le cerf
elk	l'élan *m*

101

moose	l'orignal *m*
antlers	les bois *m*
fox	le renard
cunning	rusé
craft, cunning	la ruse

hare	le lièvre
badger	le blaireau
otter	la loutre
dormouse	le loir
shrew	la musaraigne

102

hedgehog	le hérisson
weasel	la belette
mink	le vison
beaver	le castor
dam	la digue
mole	la taupe
molehill	la taupinière
mouse	la souris
mousetrap	la souricière

103

rabbit	le lapin
rat	le rat
bat	la chauve-souris
nocturnal	nocturne
primates	les primates *m*
gorilla	le gorille
monkey	le singe
orang-utan	l'orang-outan *m*
baboon	le babouin

104

gibbon	le gibbon
marsupial	le marsupial
kangaroo	le kangourou
koala	le koala
giant panda	le panda géant
invertebrate	invertébré
exoskeleton	l'exosquelette *m*

insect	l'insecte *m*
to hum	bourdonner
humming	le bourdonnement

105

antenna	l'antenne *f*
worm	le ver
to worm	ramper
earthworm	le ver de terre
tapeworm	le ver solitaire
parasite	le parasite
beetle	le scarabée
stag beetle	le lucane
silkworm	le ver à soie
caterpillar	la chenille

106

chrysalis	la chrysalide
metamorphosis	la métamorphose
to metamorphose	se métamorphoser
butterfly	le papillon
moth	la mite
fly	la mouche
bluebottle	la mouche bleue
spider	l'araignée *f*
web	la toile d'araignée
to spin	tisser sa toile

107

wasp	la guêpe
hornet	le frelon
to sting	piquer
sting	la piqûre
bee	l'abeille *f*
worker (bee, ant)	l'ouvrière *f*
bumblebee	le bourdon

queen bee	la reine
beehive	la ruche
apiary	le rucher

108

apiarist	l'apiculteur *m*
drone	le faux-bourdon
honey	le miel
honeycomb	le rayon de miel
grasshopper	la sauterelle
locust	la locuste
infest	infester
cricket	le grillon
glow-worm	le ver luisant
ant	la fourmi

109

anthill	la fourmilière
colony	la colonie
to itch	démanger
itch	la démangeaison
termite	la termite
troublesome	gênant
to molest	importuner
mosquito	le moustique
mosquito net	la moustiquaire
malaria	le paludisme

110

flea	la puce
earwig	le perce-oreille
praying mantis	la mante religieuse
scorpion	le scorpion
snail	l'escargot
slug	la limace
louse	le pou

lousy	pouilleux
centipede	le mille-pattes
millipede	le mille-pattes

111

reptile	le reptile
cold-blooded	à sang froid
tortoise	la tortue
turtle	la tortue marine
crocodile	le crocodile
alligator	l'alligator *m*
grass snake	la couleuvre
snake	le serpent
slowworm	l'orvet *m*
harmless	inoffensif

112

to crawl	ramper
viper	la vipère
fang	le crochet
python	le python
anaconda	l'anaconda *m*
rattlesnake	le serpent à sonnette
cobra	le cobra
poison	le venin
antidote	l'antidote *m*
poisonous	venimeux

113

bird	l'oiseau *m*
aviary	la volière
ostrich	l'autruche *f*
beak, bill	le bec
wing	l'aile *f*
to fly	voler
flight	le vol

flightless	coureur
to lay (eggs)	pondre (des œufs)
to nest	nicher

114

canary	le canari
robin redbreast	le rouge-gorge
chaffinch	le pinson
nightingale	le rossignol
sparrow	le moineau
swallow	l'hirondelle *f*
lark	l'alouette *f*
cuckoo	le coucou
magpie	la pie

115

blackbird	le merle
crow	le corbeau
to caw	croasser
seagull	la mouette
albatross	l'albatros *m*
cormorant	le cormoran
partridge	la perdrix
pheasant	le faisan
stork	la cigogne
owl	le hibou

116

rooster	le coq
cockcrow	au premier chant du coq
to crow	chanter
cock-a-doodle-doo	cocorico
hen	la poule
feather	la plume
to pluck	plumer
chicken	le poulet

to brood	couver
to breed (animals)	élever

117

pigeon	le pigeon
duck	le canard
goose	l'oie *f*
swan	le cygne
parrot	le perroquet
toucan	le toucan
turkey	la dinde
peacock	le paon
hummingbird	le colibri
bird of paradise	l'oiseau de paradis

118

rapacious	rapace
bird of prey	le rapace
eagle	l'aigle *m*
vulture	le vautour
peregrine	le faucon pèlerin
to swoop	s'abattre
falcon	le faucon
falconer	le fauconnier
falconry	la fauconnerie
condor	le condor

119

amphibious	amphibie
amphibian	l'amphibie *m*
frog	la grenouille
bullfrog	la grenouille d'Amérique
tadpole	le têtard
toad	le crapaud
salamander	la salamandre
crustacean	le crustacé

crab	le crabe
prawn	la langoustine

120

fish	le poisson
goldfish	le poisson rouge
piranha	le piranha
voracious	vorace
carp	la carpe
sturgeon	l'esturgeon *m*
caviar	le caviar
trout	la truite
hake	le merlu, le colin
herring	le hareng

121

sardine	la sardine
skate	la raie
cod	la morue
eel	l'anguille *f*
electric eel	l'anguille électrique *f*
elver	la civelle
salmon	le saumon
school (fish)	le banc
coral	le corail
coral reef	le récif de corail

122

flipper	la nageoire
fin	l'aileron *m*
gills	les ouïes *f*
shell	la coquille
scale	l'écaille *f*
squid	le calmar
octopus	la pieuvre
tentacle	le tentacule

cuttlefish	la seiche
crayfish	la langouste

123
lobster	le homard
sea urchin	l'oursin *m*
sea horse	l'hippocampe *m*
starfish	l'étoile de mer *f*
shellfish	les coquillages *m*
oyster	l'huître *f*
shark	le requin
whale	la baleine
killer whale	l'épaulard *m*
dolphin	le dauphin

124
seal	le phoque
sea lion	l'otarie *f*
walrus	le morse
natural selection	la sélection naturelle
survival of the fittest	la loi du plus fort
evolution	l'évolution *f*
to evolve	évoluer
zoology	la zoologie
zoologist	le zoologue
zoo	le zoo

125
habitat	l'habitat *m*
extinct	disparu
dinosaur	le dinosaure
mammoth	le mammouth
dodo	le dronte
yeti	le yéti
mythical	mythique
myth	le mythe

unicorn	la licorne
dragon	le dragon

Plants   *Les plantes*

126
to transplant	transplanter
to plant	planter
root	la racine
to root (pig, etc)	fouiller
to take root	prendre racine
to uproot	déraciner
radical	le radical
tendril	la vrille
stalk	la tige
sap	la sève

127
foliage	le feuillage
leaf	la feuille
leafy	feuillu
to shed leaves	perdre ses feuilles
deciduous	à feuilles caduques
evergreen	à feuilles persistantes
perennial	la plante vivace
thorn	l'épine
thorn tree	l'aubépine *f*
thorny	épineux

128
weed	la mauvaise herbe
to weed	désherber
to thin	éclaircir
thistle	le chardon
nettle	l'ortie *f*

briar	l'églantier *m*
hemlock	la ciguë
deadly nightshade	la belladone
Venus flytrap	la dionée
rush	le jonc

129

reed	le roseau
epiphyte	épiphyte
moss	la mousse
spider plant	le chlorophytum
bud	le bourgeon
to bud	bourgeonner
flower	la fleur
to flower	fleurir
blooming	en fleur
petal	le pétale

130

to wither	se flétrir, se faner
withered	flétri, fané
garland	la guirlande
scent	le parfum
garden	le jardin
gardener	le jardinier
landscape gardener	le paysagiste
to water	arroser
watering can	l'arrosoir *m*
irrigation	l'irrigation *f*

131

herb	l'aromate *m*
thyme	le thym
rosemary	le romarin
sage	la sauge
parsley	le persil

mint	la menthe
tarragon	l'estragon *m*
coriander	la coriandre
dill	le fenouil
watercress	le cresson

132
balsam	la balsamine
chicory	la chicorée
chives	la ciboulette
mustard	la moutarde
balm	la mélisse
clover	le trèfle
grass	l'herbe *f*
shrub	l'arbuste *m*
myrtle	le myrte
gorse	l'ajonc *m*

133
flowerbed	la plate-bande
pansy	la pensée
primrose	la primevère
daisy	la marguerite
anemone	l'anémone *f*
tulip	la tulipe
hyacinth	la jacinthe
lily	le lis
lily of the valley	le muguet
mignonette	le réséda

134
snowdrop	le perce-neige
crocus	le crocus
carnation	l'œillet *m*
bluebell	la campanule
poppy	le pavot

cornflower	le bleuet
buttercup	le bouton d'or
daffodil	la jonquille
forget-me-not	le myosotis

135

foxglove	la digitale
sunflower	le tournesol
dandelion	le pissenlit
snapdragon	la gueule-de-loup
marigold	le souci
orchid	l'orchidée *f*
bush	le buisson
magnolia	le magnolia
fuchsia	le fuchsia
rhododendron	le rhododendron

136

heather	la bruyère
undergrowth	le sous-bois
scrub	les broussailles *f*
broom	le genêt
mallow	la mauve
laurel	le laurier
privet	le troène
hedge	la haie
to enclose	clôturer

137

vegetables	les légumes *m*
kitchen garden	le jardin potager
mushroom	le champignon
fungus	le champignon
harmful	nocif
leek	le poireau
radish	le radis

lettuce	la laitue
celery	le céleri
rhubarb	la rhubarbe

138

chard	les bettes *f*
spinach	la blette, la bette
turnip	le navet
potato	la pomme de terre
to peel	éplucher
to scrape	gratter
green peas	les petits pois *m*
husk (peas)	la cosse
to husk	écosser
cabbage	le chou

139

fruit	le fruit
fruit tree	l'arbre *m* fruitier
to graft	greffer
graft	la greffe
to shake	secouer
to prune	tailler
pear tree	le poirier
pear	la poire
apple tree	le pommier
apple	la pomme
cherry tree	le cerisier

140

cherry	la cerise
plum	la prune
plum tree	le prunier
prune	le pruneau
stone	le noyau
to stone	dénoyauter

almond	l'amande *f*
almond tree	l'amandier *m*
peach	la pêche
peach tree	le pêcher

141

apricot	l'abricot *m*
apricot tree	l'abricotier *m*
walnut	la noix
walnut tree	le noyer
chestnut	la châtaigne
chestnut tree	le châtaignier
hazelnut	la noisette
hazelnut tree	le noisetier
lemon	le citron
lemon tree	le citronnier

142

orange tree	l'oranger *m*
orange	l'orange *f*
olive	l'olive *f*
olive tree	l'olivier *m*
date	la datte
palm tree	le palmier
pomegranate	la grenade
pomegranate tree	le grenadier
banana tree	le bananier
pineapple	l'ananas *m*

143

coconut	la noix de coco
coconut tree	le cocotier
sugar cane	la canne à sucre
yam	l'igname *f*
lychee	le litchi
kiwi fruit	le kiwi

ripe	mûr
to ripen	mûrir
juicy	juteux
strawberry	la fraise

144

strawberry plant	le fraisier
medlar	la nèfle
medlar tree	le néflier
raspberry	la framboise
raspberry bush	le framboisier
blackcurrant	le cassis
redcurrant	la groseille
gooseberry	la groseille à maquereau
grape	le raisin
raisins	les raisins secs *m*

145

vine	la vigne
vineyard	le vignoble
vintner	le vigneron
grape harvest	les vendanges *f*
to gather grapes	vendanger
press	le pressoir
to press	presser
forest trees	les arbres forestiers
wood	le bois
jungle	la jungle

146

woody	boisé
wild, uncultivated	inculte
ivy	le lierre
to climb	grimper
creeper	la plante grimpante
wisteria	la glycine

mistletoe	le gui
rosewood	le palissandre
juniper	le genièvre
fern	la fougère

147

tree	l'arbre *m*
bark	l'écorce *f*
branch	la branche
twig	la brindille
knot	le nœud
tree ring	l'anneau *m*
trunk	le tronc
oak	le chêne
acorn	le gland
holm oak	le chêne vert

148

beech	le hêtre
ash	le frêne
elm	l'orme *m*
poplar	le peuplier
aspen	le tremble
lime	le tilleul
birch	le bouleau
fir	le sapin
conifer	le conifère
coniferous	conifère

149

pine	le pin
cone	la pomme de pin
hop	le houblon
monkey puzzle	l'araucaria *m*
sycamore	le sycomore
maple	l'érable *m*

holly	le houx
alder	l'aulne *m*
bamboo	le bambou
eucalyptus	l'eucalyptus *m*

150

acacia	l'acacia *m*
rubber tree	l'hévéa *m*
mahogany	l'acajou *m*
ebony	l'ébène *m*
cedar	le cèdre
cactus	le cactus
cacao tree	le cacaoyer
giant sequoia	le séquoia géant
bonsai	le bonsaï
yew	l'if *m*

151

weeping willow	le saule pleureur
azalea	l'azalée *f*
catkin	le chaton
spore	le spore
pollination	la pollinisation
to pollinate	polliniser
pollen	le pollen
to fertilise	féconder
stock (species)	la giroflée
hybrid	hybride

The Environment   L'environnement

152

environmental	de l'environnement
environmentalist	l'écologiste
environmentalism	la science de l'environnement
pollution	la pollution

to conserve	préserver
conservation	la défense de l'environnement
waste	les déchets *m*
to waste	gaspiller
rubbish	les ordures *f*
rubbish tip	la décharge

153

sewage	les eaux usées *f*
oil spill	le déversement de pétrole
poisonous	toxique
to poison	empoisonner
industrial waste	les déchets *m* industriels
toxic	toxique
pollutant	le polluant
to pollute	polluer
consumerism	le consumérisme
consumerist	le consumériste

154

to consume	consommer
solar panel	le panneau solaire
windmill	le moulin à vent
wind energy	l'énergie *f* éolienne
wave energy	l'énergie *f* des vagues
wildlife	la faune
harmful	nuisible
atmosphere	l'atmosphère *f*
smog	le smog
unleaded petrol	l'essence *f* sans plomb

155

ecosystem	l'écosystème *m*
ecology	l'écologie *f*
ecologist	l'écologiste
acid rain	les pluies *f* acides

deforestation	le déboisement
to deforest	déboiser
rainforest	la forêt tropicale
underdeveloped	sous-développé
industrialised	industrialisé
ozone layer	la couche d'ozone

156

oil slick	la marée noire
greenhouse effect	l'effet *m* de serre
to recycle	recycler
recycling	le recyclage
renewable	renouvelable
fossil fuels	les combustibles *m* fossiles
resource	la ressource
landfill	la décharge

157

decibel	le décibel
to soundproof	insonoriser
radiation	la radiation
radioactive	radioactif
nuclear energy	l'énergie *f* nucléaire
fallout	les retombées *f* radiocatives
reactor	le réacteur
fission	la fission
fusion	la fusion
leak	la fuite

The Home   *La maison*

158

house	la maison
apartment block	l'immeuble *m*
to let	louer
tenant	le, la locataire

rent	le loyer
housing	le logement
to move house	déménager
landlord, owner	le, la propriétaire
to own	être propriétaire de
ownership	la propriété

159

country house	la maison de campagne
farmhouse	la ferme
villa	la villa
cottage	le cottage
chalet	le chalet
terraced house	la rangée de maisons
semi-detached house	la maison jumelée
mansion	le manoir
palace	le palais

160

castle	le château
igloo	l'igloo *m*
teepee	le tipi
log cabin	la cabane en rondins
houseboat	la péniche aménagée
hut	la hutte, l'abri *m*
house trailer	la roulotte
penthouse	l'appartement-terrasse
lighthouse	le phare
shack	la cabane

161

building	le bâtiment *m*
to build	construire
building site	le chantier
building contractor	l'entrepreneur *m*
to repair	réparer

solid	solide
to destroy	détruire
to demolish	démolir
garage	le garage
shed	l'appentis *m*

162

door	la porte
doorknocker	le heurtoir
to knock at the door	frapper à la porte
doormat	le paillasson
doorbell	la sonnette
threshold	le seuil
bolt	le verrou
plan	le plan
foundations	les fondations *f*
to found	fonder

163

cement	le ciment
concrete	le béton
stone	la pierre
cornerstone	la pierre angulaire
antiquated	vétuste
modern	moderne
luxurious	luxueux
roomy	spacieux
whitewashed	blanchi à la chaux
neglected	mal tenu, à l'abandon

164

worm-eaten	vermoulu
moth-eaten	mité
shanty	la baraque
shantytown	le bidonville
brick	la brique

sand	le sable
slate	l'ardoise *f*
gutter	la gouttière
drainpipe	le tuyau d'écoulement
step	la marche

165

plaster	le plâtre
skirting	la plinthe
floor	le plancher
wall	le mur
partition	la cloison
wood	le bois
board	la planche
beam	la poutre
to sustain	soutenir
to contain, hold	contenir

166

facade	la façade
outside	l'extérieur *m*
inside	l'intérieur *m*
window	la fenêtre
windowsill	l'appui *m* de fenêtre
venetian blinds	les stores vénitiens *m*
shutters	les volets *m*
balcony	le balcon
windowpanes	la vitre
glass	le verre

167

porch	le porche
gate	la grille
hinge	le gond
front door	la porte d'entrée
doorkeeper	le, la concierge

to open	ouvrir
opening	l'ouverture *f*
entrance	l'entrée *f*
to enter	entrer
to go out	sortir

168

way out	la sortie
lock	la serrure
to shut, close	fermer
to lock up	fermer à clef
key	la clef
to lock	verrouiller
staircase	l'escalier *m*
upstairs	en haut
downstairs	en bas
landing	le palier

169

ladder	l'échelle *f*
bannisters	la rampe
lift	l'ascenseur *m*
to go up	monter
ascent	la montée
to go down	descendre
descent	la descente
low	bas
high	haut
storeys	les étages *m*

170

ground floor	le rez-de-chaussée
first floor	le premier étage
cellar	la cave
tile	la tuile
roof	le toit

ceiling	le plafond
floor	le plancher
to turn	tourner
to return	revenir
return	le retour

171

to give back	rendre
chimney	la cheminée
hearth	l'âtre *m*
fire	le feu
spark	l'étincelle *f*
to sparkle	étinceler
flame	la flamme
ashes	la cendre
stove	la cuisinière
smoke	la fumée

172

to smoke (fire)	fumer
to burn	brûler
to blaze	flamber
ardent	ardent
coal	le charbon
embers	les braises
to scorch	roussir
to glow	rougeoyer
firewood	le bois de chauffage

173

woodcutter	le bûcheron
shovel	la pelle
poker	le tisonnier
to poke	attiser
matches	les allumettes *f*
wax	la cire

to light	allumer
box	la boîte
drawer	le tiroir
chest of drawers	la commode

174

comfortable	confortable
uncomfortable	inconfortable
lighting	l'éclairage *m*
dazzle, splendour	la splendeur
to light up	allumer
to put out, extinguish	éteindre
light	la lumière
lamp	la lampe
lampshade	l'abat-jour *m*
wick	la mèche

175

candle	la bougie
candlestick	le chandelier
room	la pièce
to inhabit	habiter
inhabitant	l'habitant, l'habitante
to reside	demeurer
residence	la demeure
hall (large room)	le vestibule
furniture	le mobilier
a piece of furniture	le meuble

176

furnished	meublé
corridor	le couloir
hall, lobby	le hall, le vestibule
hall stand	le portemanteau
sitting room	le salon
lounge	le salon

to serve	servir
guest	l'invité, l'invitée
to invite	inviter
table	la table

177

seat	le siège
to sit down	s'asseoir
to be sitting	être assis
cushion	le coussin
stool	le tabouret
chair	la chaise
armchair	le fauteuil
rocking chair	la fauteuil à bascule
sofa	le sofa
couch	le canapé, le divan
bench	le banc

178

bookcase	la bibliothèque
bookshelf	le rayon
bookrest	le support à livres
library	la bibliothèque
office, study	le bureau
writing desk	le secrétaire
to write	écrire
handwriting	l'écriture
paper	le papier

179

record player	le tourne-disques
LP	le disque
hi-fi	la chaîne
television	la télévision
video recorder	le magnétoscope
radiator	le radiateur

radio	la radio
ornament	le bibelot
alarm clock	le réveil
grandfather clock	l'horloge *f*

180

tapestry	la tapisserie
a tapestry	une tapisserie
to hang	accrocher
to take down	décrocher
wallpaper	le papier peint
to wallpaper	tapisser
tile (decorative)	le carreau
floor tiles	les tommettes
tiling	le carrelage
picture	le tableau

181

frame	le cadre
portrait	le portrait
photograph	la photo
photograph album	l'album *m* de photos
dining room	la salle à manger
to eat	manger
meal	le repas
breakfast	le petit déjeuner
to breakfast	prendre le petit déjeuner
lunch	le déjeuner

182

dinner	le dîner
to lunch	déjeuner
to dine	dîner
supper	le souper
to have supper	souper
sideboard	le buffet

larder	le garde-manger
pantry	l'office *f*
shelf	l'étagère *f*
cup	la tasse
draining board	l'égouttoir *m*

183

sugarbowl	le sucrier
coffeepot	la cafetière
teapot	la théière
tray	le plateau
table service	le service de table
tablecloth	la nappe
napkin	la serviette
plate	l'assiette *f*
saucer	la soucoupe
serving dish	le plat

184

microwave	le micro-ondes
to microwave	faire cuire au micro-ondes
food mixer	le mixer
refrigerator	le frigidaire
grater	la râpe
flowerpot	le pot à fleurs
(drinking) glass	le verre
glassware	la verrerie
to cook	faire cuire
to boil	faire bouillir

185

gas cooker	la cuisinière à gaz
electric cooker	la cuisinière électrique
grill	le grill
barbecue grill	le grill au feu de bois
saucepan	la casserole

refuse, rubbish	les ordures *f*
washing machine	la machine à laver
sewing machine	la machine à coudre
washing powder	la lessive
vacuum cleaner	l'aspirateur

186

electricity	l'électricité *f*
fusebox	la boîte à fusibles
central heating	le chauffage central
light bulb	l'ampoule *f*
switch	l'interrupteur *m*
to switch on	allumer
to switch off	éteindre
plug	la prise (mâle)
socket	la prise (femelle), la douille
air conditioning	la climatisation

187

lid	le couvercle
to cover	couvrir
to uncover	découvrir
to uncork	déboucher
crockery	la vaisselle
discover	découvrir
spoon	la cuillère
teaspoon	la cuillère à café
spoonful	la cuillerée

188

fork	la fourchette
cutlery	les couverts *m*
knife	le couteau
to carve (meat)	découper
to cut	couper
sharp	coupant, affûté

71

bottle	la bouteille
cork	le bouchon
corkscrew	le tire-bouchon
bottle opener	l'ouvre-bouteille *m*

189

to pull out	enlever
to drink	boire
beverage	la boisson
to toast (health)	porter un toast
oven	le four
utensils	les ustensiles *m* de cuisine
pressure cooker	la cocotte minute
frying pan	la poêle à frire
cooking pot	la marmite
pitcher	la cruche

190

bucket	le seau
to pour out	verser
basket	le panier
to fill	remplir
full	plein
empty	vide
to empty	vider
broom	le balai
to sweep	balayer
to rub, scrub	frotter

191

to wash (dishes)	faire la vaisselle
bedroom	la chambre à coucher
to go to bed	se coucher
bed	le lit
bedspread	le couvre-lit
bunk beds	les lits superposés

cot	le lit d'enfant
mattress	le matelas
sheets	les draps *m*
electric blanket	la couverture chauffante

192

bolster	le traversin
pillow	l'oreiller *m*
carpet	le tapis
rug, mat	la carpette
to wake	réveiller
to awake	se réveiller
to get up early	se lever tôt
in the early hours	de bonne heure
curtain	les rideaux *m*
attic	le grenier

193

alarm clock	le réveil
hot-water bottle	la bouillotte
nightcap	le bonnet de nuit
to sleepwalk	être somnambule
sleepwalker	le, la somnambule
sleepwalking	le somnambulisme
wardrobe	la garde-robe
to keep	garder
dressing table	la coiffeuse
screen	le paravent

194

bathroom	la salle de bains
bath	le bain
bathtub	la baignoire
to bathe	prendre un bain
to wash	laver
to wash oneself	se laver

towel	la serviette
washbasin	le lavabo
shower	la douche
to take a shower	prendre une douche

195

tap	le robinet
to turn on (tap)	ouvrir
to turn off (tap)	fermer
sponge	l'éponge *f*
facecloth	le gant de toilette
toothbrush	la brosse à dents
toothpaste	le dentifrice
toothpick	le cure-dents
toilet paper	le papier hygiénique
toilet bowl	la cuvette des WC

196

soap	le savon
shampoo	le shampooing
makeup	le maquillage
face cream	la crème pour le visage
face pack	le masque de beauté
compact	le poudrier
lipstick	le rouge à lèvres
nail file	la lime à ongles
nail clippers	la pince à ongles
nail varnish	le vernis à ongles

197

hairpin	l'épingle *f* à cheveux
hairdryer	le séche-cheveux
hairspray	la laque
hairslide	la barrette
hairpiece	le postiche
hairnet	la résille

to wipe	essuyer
to clean	nettoyer
clean	propre
dirty	sale

198

mirror	le miroir
basin	la cuvette
jug	le broc
razor	le rasoir
smoke detector	le détecteur de fumée
razorblade	la lame de rasoir
electric razor	le rasoir électrique
shaving foam	la crème à raser
comb	le peigne
to comb oneself	se peigner

199

tools	les outils *m*
saw	la scie
to saw	scier
drill	la perceuse
drill bit	le foret, la mèche
sawdust	la sciure de bois
hammer	le marteau
nail	le clou
to nail	clouer
spade	la bêche
pickaxe	la pioche

200

screw	la vis
screwdriver	le tourne-vis
axe	la hache
paint	la peinture
paintbrush	le pinceau

75

to paint	peindre
glue	la colle
sander	la ponceuse
sandpaper	le papier de verre

Society — *La société*

201

street	la rue
walk, promenade	la promenade
to go for a walk	se promener
passer-by	le passant
avenue	l'avenue *f*
kiosk	le kiosque
native of	originaire de
compatriot	le, la compatriote
pavement	le trottoir
gutter	le caniveau

202

road	la route
high road	la grande route
street lamp	le lampadaire
traffic	la circulation
frequented	très fréquenté
to frequent	fréquenter
pedestrian	le piéton
pedestrian area	la zone piétonnière
square	la place
park	le parc

203

crossroads	le carrefour
corner	le coin
alley	la ruelle

quarter (of a town)	le quartier
slum	le taudis
outskirts	la banlieue
around	autour de
dormitory town	la ville-dortoir
premises	le local
warehouse	l'entrepôt *m*

204

cul-de-sac	le cul-de-sac
one-way	le sens unique
traffic jam	les embouteillages *m*
rush hour	les heures *f* de pointe
zebra crossing	le passage clouté
shop window	la vitrine
poster	l'affiche *f*
bus stop	l'arrêt *m* d'autobus
to queue	faire la queue
routine	la routine

205

shop	le magasin
shopkeeper	le commerçant, la commerçante
counter	le comptoir, le guichet
to show	montrer
inn	l'auberge *f*
innkeeper	l'aubergiste
to stay	séjourner
lodging house	la pension de famille
guest	le, la pensionnaire
board and lodgings	le gîte et le couvert

206

profession	la profession
trade	le métier
mechanic	le mécanicien

engineer	l'ingénieur *m*
electrician	l'électricien
workman	l'ouvrier
operative	l'opérateur, l'opératrice
apprentice	l'apprenti, l'apprentie
apprenticeship	l'apprentissage *m*
day labourer	le journalier

207

fireman	le sapeur-pompier
fire station	la caserne de pompiers
fire hydrant	la bouche d'incendie
shop assistant	la vendeuse, le vendeur
fishmonger	le poissonnier, la poissonnière
fishmonger's	la poissonnerie
street sweeper	le balayeur de rues
librarian	le, la bibliothécaire
notary	le notaire

208

policeman	l'agent *m* de police
police (force)	la police
police station	le commissariat de police
secretary	le, la secrétaire
plumber	le plombier
jeweller	le bijoutier
stonecutter	le tailleur de pierres précieuses
haberdasher	le mercier, la mercière
haberdashery	la mercerie

209

carpenter	le menuisier
ironmonger	le quincaillier
miller	le meunier, la meunière
mill	le moulin
to grind	moudre

baker	le boulanger, la boulangère
to knead	pétrir
bakery	la boulangerie
barber	le coiffeur
barbershop	la boutique de coiffeur

210

tobacconist	le marchand de tabac
tobacconist's	le bureau de tabac
rag-and-bone-man	le chiffonnier
tailor	le tailleur
butcher	le boucher
butcher's	la boucherie
pork butcher's	la charcuterie
milkman	le laitier
dairy	la laiterie
glazier	le vitrier

211

bricklayer	le maçon
stationer	le papetier
stationery shop	la papèterie
upholsterer	le tapissier
photographer	le photographe
blacksmith	le forgeron
horseshoe	le fer à cheval
shepherd	le berger
cowboy	le vacher

212

farm	la ferme
to lease	louer à bail
country estate	le domaine
courtyard	la cour
well	le puits
stable	l'étable *f*

hayfork	la fourche
straw	la paille
hay	le foin
grain	les céréales *f*

213

agriculture	l'agriculture *f*
agricultural	agricole
rustic	champêtre
countryside	la campagne
peasant	le paysan, la paysanne
farmer	le fermier, la fermière
to cultivate	cultiver
cultivation	la culture
tillage	le labour
to plough	labourer

214

plough	la charrue
furrow	le sillon
fertiliser	l'engrais *m*
to fertilise (land)	amender
fertile	fertile
barren	stérile
dry	aride
to sow	semer
seed	la semence
sowing	les semailles *f*

215

to scatter	semer à la volée
to germinate	germer
to mow	faucher
reaper	le moissonneur
reaping machine	la moissonneuse
combine harvester	la moissonneuse-batteuse

sickle	la faucille
scythe	la faux
to harvest	moissonner, récolter
harvest	la moisson, la récolte

216
rake	le râteau
to rake	ratisser
spade	la bêche
to dig	bêcher
hoe	la binette
meadow	le pré
silage	l'ensilage *m*
wheat	le blé
oats	l'avoine *f*
barley	l'orge *f*
ear (of wheat)	l'épi *m*

217
maize	le maïs
rice	le riz
alfalfa	la luzerne
pile	le tas
to pile up	entasser
tractor	le tracteur
harrow	la herse
baler	la lieuse
rotovator	le motoculteur
milking machine	la trayeuse

218
to milk	traire
stockbreeder	l'éleveur, l'éleveuse
stockbreeding	l'élevage *m*
fodder, feed	le fourrage
to irrigate	irriguer

greenhouse	la serre
subsidy	la subvention
grape harvest	les vendanges *f*
grape picker	le vendangeur

219

commerce	le commerce
firm	l'entreprise *f*
branch	la succursale
export	l'exportation *f*
import	l'importation *f*
company	la société
partner	l'associé, l'associée
to associate	s'associer
businessman	l'homme d'affaires
business	les affaires *f*

220

subject	le sujet
to offer	offrir
offer	l'offre *f*
demand	la demande
account	le compte
current account	le compte courant
to settle	régler
order	la commande
to cancel	annuler
on credit	à crédit

221

by instalments	à tempérament
for cash	comptant
market	le marché
deposit	le dépôt, les arrhes *f*
goods	les marchandises *f*
bargain	l'occasion *f*, l'affaire *f*

second-hand	d'occasion
cheap	bon marché
expensive	cher
to bargain, haggle	marchander

222

packaging	l'emballage *m*
to pack up	emballer
to unpack	déballer
to wrap	envelopper
to unwrap	défaire, ouvrir
transport	le transport
to transport	transporter
carriage	le port
portable	portatif
delivery	la livraison

223

to deliver	livrer
to dispatch	expédier
office	le bureau
manager	le directeur, le gérant
accountant	le comptable
clerk	l'employé, l'employée de bureau
to depend on	dépendre de, se fier à
to employ	employer
employee	l'employé, l'employée
employment	l'emploi *m*

224

employer	l'employeur *m*
unemployment	le chômage
unemployed	au chômage
chief	le chef
typewriter	la machine à écrire
typist	la dactylo

typing	la dactylographie
shorthand	la sténographie
shorthand typist	la sténo-dactylo
audiotypist	l'audiotypiste

225

chairman of the board	le président-directeur général, le P-D.G.
managing director	le directeur général
board of directors	le conseil d'administration
shareholder	l'actionnaire
dividend	le dividende
takeover	le rachat
to list (shares)	coter
asset	l'actif *m*
liability	le passif
contract	le contrat

226

purchase	l'achat *m*
to buy	acheter
to sell	vendre
sale	la vente
buyer	l'acheteur *m*
seller	le vendeur
wholesale	en gros
retail	au détail
auction	la vente aux enchères
to bid	faire une offre

227

to auction	vendre aux enchères
client	le client, la cliente
clientele	la clientèle
catalogue	le catalogue
price list	les tarifs *m*

quantity	la quantité
gross	brut
net	net
to cost	coûter
cost	le coût, le prix

228

free of charge	gratuit
to pay	payer
wages	le salaire
salary	le salaire
payment	le paiement
in advance	d'avance
invoice	la facture
checkout	la caisse
cashier	le caissier, la caissière
accounts	la comptabilité

229

balance sheet	le bilan
income	les revenus *m*
expenditure	les dépenses *f*
to spend	dépenser
to acknowledge receipt	accuser réception
to receive	recevoir
reception	la réception
profit	le bénéfice
loss	la perte
loan	le prêt, l'emprunt *m*

230

to borrow	emprunter
to lend	prêter
to prepare	préparer
to obtain	obtenir
creditor	le créancier

debt	la dette
debtor	le débiteur
to get into debt	s'endetter
to be in debt	être endetté
bankruptcy	la faillite

231

to go bankrupt	faire faillite
receiver	le syndic de faillite
banking	les opérations *f* de banque
bank	la banque
banknote	le billet de banque
banker	le banquier
bankcard	la carte de crédit
bank account	le compte en banque
savings bank	la caisse d'épargne *f*
savings book	le livret de caisse d'épargne

232

to save (money)	économiser
capital	le capital
interest	les intérêts *m*
income tax	l'impôt *m* sur le revenu
Stock Exchange	la Bourse
share	l'action *f*, le titre
bullish	haussier
bearish	baissier
exchange	le change
rate	le taux
to exchange	changer

233

to be worth	valoir
value	la valeur
to value	estimer
discount	la remise

to deduct	déduire
to cash a cheque	encaisser un chèque
payable on sight	payable à vue
signature	la signature
to sign	signer
draft	la traite

234

postal order	le mandat-poste
to fall due	venir à échéance
due	dû
date	la date
to date	dater
to inform	informer, aviser
warning	l'avertissement *m*
coin	la pièce
money	l'argent *m*
mint	la Monnaie

235

post office	le bureau de poste
mail	le courrier
by return of post	par retour du courrier
postcard	la carte postale
letter	la lettre
postman	le facteur
letterbox	la boîte aux lettres
collection	la levée
to collect	ramasser
registered	recommandé

236

to distribute	distribuer
envelope	l'enveloppe *f*
postage	l'affranchissement *m*
to frank	affranchir

to seal	cacheter
stamp	le timbre
postmark	le cachet de la poste
to stamp	timbrer
parcel	le colis
item	l'article *m*

237

to register	enregistrer
to forward	expédier
sender	l'expéditeur *m*
addressee	le destinataire
unknown	inconnu
to send	envoyer
sticker	la vignette
courier	le coursier
air mail	le courrier-avion
by airmail	par avion

238

pound sterling	la livre sterling
franc	le franc
mark	le mark
dollar	le dollar
cent	le centime
lira	la lire
ingot	le lingot
foreign currencies	les devises *f*
speculation	la spéculation
speculator	le spéculateur

239

wealthy	riche
wealth	la richesse
rich	riche
to get rich	s'enrichir

to acquire	acquérir
to possess	posséder, détenir
fortune	la fortune
fortunate	fortuné
poverty	la pauvreté
poor	pauvre
necessity	le besoin

240

to need	manquer de
misery	la misère
miserable	misérable
beggar	le mendiant
to beg	mendier
homeless	sans abri
squatter	le squatter
eviction	l'expulsion *f*
malnourished	sous-alimenté
disadvantaged	défavorisé

241

industry	l'industrie *f*
industrialist	l'industriel *m*
manufacture	la fabrication
to manufacture	fabriquer
factory	l'usine *f*
manufacturer	le fabricant
trademark	la marque
machine	la machine
machinery	les machines
to undertake	entreprendre

242

enterprise	l'entreprise *f*
expert	l'expert *m*
skill	la compétence, l'habileté *f*

skilful	habile
ability	l'aptitude *f*
clumsy	gauche
to keep busy	s'occuper
busy	occupé
lazy	paresseux
strike	la grève

243

striker	le, la gréviste
lock-out	la grève patronale
blackleg	le briseur de grève
picket	le piquet de grève
to go on strike	se mettre en grève
trade union	le syndicat
trade unionist	le, la syndicaliste
trade unionism	le syndicalisme
minimum wage	le salaire minimum
market economy	l'économie *f* de marché

244

government	le gouvernement
to govern	gouverner
politics	la politique
political	politique
politician	le politicien
socialist	socialiste
conservative	conservateur
social democrat	social-démocrate
fascist	fasciste
communist	communiste

245

monarchy	la monarchie
monarch	le monarque *m*
king	le roi

queen	la reine
viceroy	le vice-roi
to reign	régner
royal	royal
crown	la couronne
to crown	couronner
throne	le trône

246

court	la cour
courtier	le courtisan
chancellor	le chancelier
rank	le rang
prince	le prince
princess	la princesse
title	le titre
subject	le sujet
emperor	l'empereur *m*
empress	l'impératrice *f*

247

revolution	la révolution
guillotine	la guillotine
to guillotine	guillotiner
counterrevolution	la contre-révolution
aristocracy	l'aristocratie *f*
aristocrat	l'aristocrate
confiscate	confisquer
confiscation	la confiscation
secular	séculaire
secularisation	la sécularisation

248

republic	la république
republican	républicain
president	le président

embassy	l'ambassade *f*
ambassador	l'ambassadeur *m*
consul	le consul
consulate	le consulat
state	l'Etat *m*
city state	la ville-Etat
councillor	le conseiller

249

council	le conseil
to advise	conseiller
to administer	administrer
minister	le ministre
ministry	le ministère
cabinet	le conseil des ministres
deputy	le député
parliament	le parlement
senate	le sénat
senator	le sénateur

250

session	la séance
to deliberate	délibérer
dialogue	le dialogue
discuss	débattre de
adopt	adopter
decree	le décret
to decree	décréter
to proclaim	proclamer
election	l'élection *f*
referendum	le référendum

251

to elect	élire
to vote	voter
vote	le vote

town council	le conseil municipal
mayor	le maire
bailiff	l'huissier *m*
justice	la justice
just	juste, équitable
unjust	injuste
judge	le juge

252

to judge	juger
court	le tribunal
judgment	le jugement
injury	le préjudice
to protect	protéger
law	la loi
legal	légal
illegal	illégal
to bequeath	léguer
beneficiary	l'ayant droit, le légataire

253

to make a will	faire un testament
will	le testament
heir	l'héritier *m*
heiress	l'héritière *f*
to inherit	hériter
inheritance	l'héritage *m*
tribunal	le tribunal
to summons	assigner
summons	l'assignation *f*
appointment	le rendez-vous

254

trial	le procès
lawsuit	le procès
lawyer	l'avocat *m*

to advocate	préconiser
to swear	jurer
oath	le serment
witness	le témoin
to bear witness	attester
testimony	le témoignage
evidence	les preuves *f*

255

infringement	l'infraction *f*
indictment	l'acte *m* d'accusation
to plead	plaider
to accuse	accuser
accused	l'accusé, l'accusée
plaintiff	le demandeur
defendant	le défendeur
to sue	poursuivre en justice
fault	la faute
jury	le jury

256

crime	le crime
murderer	le meurtrier, l'assassin
to murder	assassiner
to kill	tuer
suicide	le suicide
to commit	commettre
offence	le délit
thief	le voleur
bandit	le bandit

257

theft	le vol
to steal	voler
traitor	le traître
treason	la trahison

fraud	l'escroquerie *f*
bigamy	la bigamie
bigamist	bigame
assault	coups *m* et blessures *f*
blackmail	le chantage
to blackmail	faire chanter

258

rape	le viol
rapist	le violeur
guilty	coupable
innocent	innocent
defence	la défense
to defend	défendre
to prohibit	interdire
acquittal	l'acquittement *m*
to acquit	acquitter

259

sentence	la sentence
to sentence	condamner
verdict	le verdict
fine	l'amende *f*
conviction	la condamnation
to condemn	condamner
prison	la prison
to imprison	emprisonner
prisoner	le détenu, la détenue
to arrest	arrêter

260

capital punishment	la peine capitale
executioner	le bourreau
gallows	la potence
firing squad	le peloton d'exécution
electric chair	la chaise électrique

pardon	l'amnistie *f*
remission	la remise de peine
parole	la liberté surveillée
false imprisonment	la détention arbitraire
self-defence	la légitime défense

261

army	l'armée *f*
drill	les exercices *m*
military	militaire
soldier	le soldat
conscription	la conscription
conscript	le conscrit, l'appelé *m*
conscientious objector	l'objecteur de conscience *m*
recruit	la recrue
flag	le drapeau
troops	la troupe

262

officer	l'officier *m*
sergeant	le sergent
corporal	le caporal
rank	le grade
general	le général
colonel	le colonel
captain	le capitaine
lieutenant	le lieutenant
discipline	la discipline
order	l'ordre *m*

263

disorder	le désordre
infantry	l'infanterie *f*
cavalry	la cavalerie
artillery	l'artillerie *f*
cannon	le canon

grenade	la grenade
to explode	exploser
gunpowder	la poudre
ammunition	les munitions *f*
bomb	la bombe

264

to shell	bombarder
bombardment	le bombardement
guard, watch	la garde
sentry	la sentinelle
garrison	la garnison
barracks	la caserne
regiment	le régiment
detachment	le détachement
reinforcement	les renforts *m*
battalion	le bataillon

265

to equip	équiper
equipment	l'équipement
uniform	l'uniforme *m*
flak jacket	le gilet pare-balles
firearm	l'arme *f* à feu
to arm	armer
to disarm	désarmer
to load	charger
to unload	décharger
to shoot	tirer, faire feu

266

shot	le coup de feu
bullet	la balle
bulletproof	anti-balles
cartridge	la cartouche
revolver	le révolver

bayonet	la bayonette
dagger	le poignard
tank	le tank
armoured car	le véhicule blindé
barded wire	le fil de fer barbelé

267
Cold War	la Guerre froide
superpower	la superpuissance
rocket	la roquette
nuclear warhead	l'ogive *f* nucléaire
blockade	le blocus
holocaust	l'holocauste *m*
friendly fire	le tir de son propre camp
ceasefire	le cessez-le-feu
disarmament	le désarmement
pacifism	le pacifisme

268
war	la guerre
warlike	guerrier, belliqueux
warrior	le guerrier
guerilla	le guérillero
guerilla warfare	la guérilla
campaign	la campagne
siege	le siège
to besiege	assiéger
fort	le fort
spy	l'espion, l'espionne

269
attack	l'offensive *f*
to attack	attaquer
assault	l'assaut *m*
ambush	l'embuscade *f*
to surrender	se rendre

surrender	la reddition
encounter	l'affrontement *m*
to meet	(se) rencontrer
fight	le combat
to fight	combattre

270

combatant	le combattant
exploit	le haut fait
battlefield	le champ de bataille
trench	la tranchée
to repel	repousser
retreat	la retraite
flight	la fuite
to flee	s'enfuir
defeat	la défaite
to defeat	vaincre

271

to pursue	poursuivre
pursuit	la poursuite
to conquer	conquérir
victor	le vainqueur
vanquished	le vaincu
armistice	l'armistice *m*
treaty	le traité
peace	la paix
captivity	la captivité
to escape	s'échapper

272

to encamp	camper
encampment	le campement
to manoeuvre	manœuvrer
wounded	le blessé
hero	le héros

heroine	l'héroïne *f*
medal	la médaille
pension	la pension
war memorial	le monument aux morts

273

navy	la marine
sailor	le matelot
admiral	l'amiral *m*
squadron	l'escadron *m*
fleet	la flotte
to float	flotter
to sail	naviguer
navigator	le navigateur
warship	le navire de guerre
battleship	le cuirassé

274

aircraft carrier	le porte-avions
fighter plane	l'avion de chasse
destroyer	le contre-torpilleur
minesweeper	le dragueur de mines
submarine	le sous-marin
aerodrome	l'aérodrome *m*
spotter plane	l'avion *m* de reconnaissance
air raid	le raid aérien
air-raid shelter	l'abri *m* antiaérien
parachute	le parachute

275

parachutist	le parachutiste
surface to air missile	le missile sol-air
helicopter	l'hélicoptère *m*
to bring down	abattre
anti-aircraft defence	la défense contre avions (DCA)
anti-aircraft gun	le canon de DCA

bomb disposal	la neutralisation des bombes
bomber (plane)	le bombardier
explosion	l'explosion *f*
shell	l'obus *m*

276
religion	la religion
religious	religieux, pieux
God	Dieu
goddess	la déesse
monk	le moine
nun	la religieuse
divine	divin
omnipotent	tout-puissant
saviour	le sauveur

277
safe	sauf
pagan	païen
Christianity	le christianisme
Christian	chrétien
Catholic	catholique
Catholicism	le catholicisme
Protestantism	le protestantisme
Protestant	protestant
Calvinism	le calvinisme
Calvinist	calviniste

278
Presbyterian	presbytérien
Mormonism	le mormonisme
Mormon	mormon
Bible	la Bible
Koran	le Coran
Islam	l'Islam *m*
Muslim	musulman

Hindu	hindou
Hinduism	l'hindouisme *m*
Buddhist	bouddhiste

279

Buddhism	le bouddhisme
Jewish	juif
Judaism	le judaïsme
Rastafarian	rastafari
Scientology	la scientologie
scientologist	scientologiste
to convert	convertir
sect	la secte
animism	l'animisme
voodoo	le vaudou

280

shaman	chaman
atheist	athée
atheism	l'athéisme *m*
agnostic	agnostique
agnosticism	l'agnosticisme *m*
heretic	hérétique
heresy	l'hérésie *f*
fundamentalist	intégriste
fundamentalism	l'intégrisme *m*
to believe	croire

281

believer	croyant
belief	la croyance
faith	la foi
church	l'église *f*
chapel	la chapelle
chalice	le calice
altar	l'autel *m*

mass	la messe
blessing	la bénédiction
to bless	bénir

282

to curse	maudire
clergy	le clergé
clergyman	l'écclésiastique *m*
to preach	prêcher
preacher	le prédicateur
sermon	le sermon
apostle	l'apôtre *m*
angel	l'ange *m*
holy	saint
saint	le saint, la sainte

283

blessed	béni
sacred	sacré
devil	le diable
devilish	diabolique
cult	le culte
solemn	solennel
prayer	la prière
to pray	prier
devout	dévot
fervent	fervent

284

sin	le péché
to sin	pécher
sinner	le pécheur, la pécheresse
repentant	pénitent
to repent	se repentir
pope	le pape
cardinal	le cardinal

bishop	l'évêque *m*
archbishop	l'archevêque *m*
priest	le prêtre, le curé

285

parish	la paroisse
abbot	l'abbé *m*
abbess	l'abbesse *f*
abbey	l'abbaye *f*
convent	le couvent
monastery	le monastère
minister	le pasteur
pilgrim	le pèlerin
pilgrimage	le pèlerinage
to celebrate	célébrer

The Intellect and Emotions
L'intelligence et les sentiments

286

mind	l'esprit *m*
thought	la pensée
to think of	penser à
to meditate	méditer
to remember	se souvenir
to agree with	être d'accord avec
agreement	l'accord *m*
soul	l'âme *f*
to come to mind	venir à l'esprit
recollection	le souvenir

287

renown	la renommée
to perceive	percevoir
to understand	comprendre

understanding	la compréhension
intelligence	l'intelligence *f*
intelligent	intelligent
clever	ingénieux
stupid	stupide, bête
stupidity	la stupidité, la bêtise
worthy	digne

288

unworthy	indigne
reason	la raison
reasonable	raisonnable
unreasonable	pas raisonnable
to reason	raisonner
to discuss	discuter
to convince	convaincre
opinion	l'opinion *f*
to affirm	affirmer
to deny	nier

289

certainty	la certitude
certain	certain
uncertain	incertain
sure	sûr
unsure	pas sûr
security	la sécurité
to risk	risquer
doubt	le doute
doubtful	douteux
mistake	l'erreur *f*

290

to make a mistake	se tromper
suspicion	le soupçon
to suspect	soupçonner

suspicious	suspect, soupçonneux
desire	le désir
to desire	désirer
to grant	accorder
will	la volonté
to decide	décider
undecided	indécis

291

hesitate	hésiter
capable	capable, apte
incapable	incapable, inapte
capability	la capacité, l'aptitude *f*
talent	le talent
disposition, temper	le tempérament
character	le caractère
to rejoice	se réjouir
cheerfulness	la gaieté
happiness	le bonheur

292

cheerful	gai, enjoué
sad	triste
sadness	la tristesse
to grieve	avoir du chagrin
enjoyment	la joie
happy	heureux
unhappy	malheureux
unfortunate	malheureux, malchanceux
contented	satisfait, content
discontented	mécontent

293

discontent	le mécontentement
displeased	contrarié
pleasure	le plaisir

to please	plaire
to displease	déplaire, mécontenter
pain	la douleur
painful	douloureux
sigh	le soupir
to sigh	soupirer
to complain	se plaindre

294

complaint	la plainte
to protest	protester
depressed	déprimé
to despair	se désespérer
despair	le désespoir
hope	l'espoir *m*
to hope	espérer
expectation	l'espérance *f*
consolation	la consolation
to comfort	réconforter

295

consoling	consolateur
calm	le calme, la tranquillité
calm	calme, tranquille
restless	agité
anxiety	l'inquiétude
fear	la crainte
to fear	craindre
to be afraid	avoir peur
to frighten	faire peur
to be frightened	avoir peur

296

terror	la terreur
to terrify	terrifier
frightful	épouvantable

to astonish	étonner, stupéfier
astonishment	l'étonnement, la stupéfaction
to encourage	encourager
to discourage	décourager
conscience	la conscience
scruple	le scrupule
remorse	le remords

297

repentance	le repentir
to regret	regretter
sentiment	le sentiment
consent	le consentement
to consent	consentir
mercy	la miséricorde
charitable	charitable
pity	la pitié
piety	la piété

298

impiety	l'impiété *f*
friendly	amical
unfriendly	hostile
favour	le service, la faveur
to favour	favoriser
favourable	favorable
unfavourable	défavorable
confidence	la confiance
trustful	confiant
mistrustful	méfiant

299

to trust	faire confiance à
friendship	l'amitié *f*
esteem	l'estime *f*
kind	aimable

friend	l'ami, l'amie
enemy	l'ennemi, l'ennemie
hatred	la haine
to hate	haïr, détester
hateful	odieux
contempt	le mépris

300

to despise	mépriser
to get angry	se mettre en colère *f*
quarrel	la querelle
to quarrel	se quereller
to reconcile	se réconcilier
quality	la qualité
virtue	la vertu
virtuous	vertueux
vice	le vice
vicious	méchant

301

addicted	adonné à
defect	le défaut
fault	la faute
to fail	échouer
custom	la coutume
to be necessary	être nécessaire
to become accustomed	s'accoutumer
habit	l'habitude *f*
to boast about	se vanter de
moderate	modéré

302

goodness	la bonté
kind	bon
affection	l'affection *f*
wickedness	la méchanceté

gratitude	la gratitude
ungrateful	ingrat
ingratitude	l'ingratitude *f*
grateful	reconnaissant
to thank	remercier
thank you	merci

303

honesty	la franchise, l'honnêteté *f*
honourable	honorable
to honour	honorer
to dishonour	déshonorer
honour	l'honneur *m*
dishonour	le déshonneur
honest	franc, honnête
dishonest	malhonnête

304

modesty	la pudeur
shame	la honte
shameful	honteux
to be ashamed	avoir honte
audacity	l'effronterie *f*
audacious	effronté
daring	hardi
boldness	l'intrépidité
fearless	sans peur
to dare	oser

305

reckless	téméraire
timid	timide
timidity	la timidité
rude	grossier
rudeness	la grossièreté
courtesy	la courtoisie

polite	poli
impolite	impoli
villain	le vaurien
envy	la jalousie

306

loyal	loyal, fidèle
disloyal	déloyal
generous	généreux
generosity	la générosité
selfishness	l'égoïsme *m*
selfish	égoïste
egoist	l'égoïste
greed	la cupidité
stingy	avare
miser	l'avare

307

truth	la vérité
true	vrai
to lie	mentir
liar	le menteur, la menteuse
lie	le mensonge
hypocritical	hypocrite
hypocrite	l'hypocrite
frank	franc
frankness	la franchise
accuracy	l'exactitude *f*

308

inaccuracy	l'inexactitude *f*
punctuality	la ponctualité
faithfulness	la fidélité
unfaithfulness	l'infidélité *f*
faithful	fidèle
unfaithful	infidèle

coward	lâche
cowardice	la lâcheté
anger	la colère
offence	l'offense *f*

309

to offend	offenser
to insult	insulter
excuse	l'excuse *f*
to excuse	excuser
humble	humble
humility	l'humilité *f*
pride	la fierté, l'orgueil *m*
proud	fier, orgueilleux
vain	vaniteux
to be obstinate	être têtu

310

obstinacy	l'entêtement *m*
whim	le caprice, la lubie
sober	sobre
sobriety	la sobriété
sensual	sensuel
sensuality	la sensualité
hedonistic	hédoniste
lust	la luxure
revenge	la vengeance
to revenge	venger

311

vindictive	vindicatif
jealous	jaloux
temperamental	fantasque
affectionate	affectueux
imaginative	imaginatif
extrovert	extraverti

introvert	introverti
demanding	exigeant
sincere	sincère
sincerity	la sincérité

312

optimistic	optimiste
optimist	l'optimiste
pessimistic	pessimiste
pessimist	le pessimiste
perceptive	perspicace
cautious	prudent
sensitive	sensible
sensitivity	la sensibilité
sensible	sensé, raisonnable
common sense	le bon sens

Education and Learning
L'enseignement et le savoir

313

to educate	éduquer, instruire
educational	éducatif
educationalist	le, la pédagogue
adult education	l'enseignement *m* pour adultes
mixed education	l'enseignement *m* mixte
primary school	l'école *f* primaire
to teach	enseigner
teacher (primary)	l'instituteur, l'institutrice
teacher (secondary)	le professeur
tutor	le précepteur
college	le lycée, le collège

314

university	l'université *f*
language laboratory	le laboratoire de langues
class	la classe
pupil	l'élève
boarder	l'interne
day pupil	l'externe
to study	étudier
student	l'étudiant, l'étudiante
grant	la bourse
scholarship holder	le boursier, la boursière
desk	le pupitre

315

blackboard	le tableau
chalk	la craie
pencil	le crayon
ink	l'encre *f*
pen	le stylo
ruler	la règle
line	la ligne
exercise book	le cahier
to bind (books)	relier
page	la page

316

to fold	plier
sheet of paper	le feuillet, la copie
cover (book)	la couverture
work	le travail
hard-working	travailleur
studious	studieux
lesson	la leçon
to learn	apprendre
to forget	oublier

317

forgetful	étourdi
forgetfulness	l'étourderie *f*
absentminded	distrait
course	le cours
attention	l'attention *f*
to be attentive	être attentif
inattention	l'inattention *f*
inattentive	inattentif
to explain	expliquer
explanation	l'explication *f*

318

task	la tâche
theme	le thème
thematic	thématique
exercise	l'exercice *m*
practice	la pratique
to practise	s'exercer
easy	facile
easiness	la facilité
difficult	difficile

319

difficulty	la difficulté
progress	les progrès *m*
homework	les devoirs *m*
must	devoir
to owe	devoir
examination	l'examen *m*
to pass an examination	être reçu à un examen
to copy	copier
to swot	bûcher
to cram for an examination	bachoter
crammer	la boite à bachot

320

to examine	examiner
examiner	l'examinateur, l'examinatrice
proof	l'épreuve *f*
to try	essayer
to blame	blâmer
blame	le blâme
approve	approuver
disapprove	désapprouver
mark	la note
to note	noter

321

annotation	l'annotation *f*
to annotate	annoter
remarkable	remarquable
prize	le prix
to reward	récompenser
to praise	faire l'éloge de
praise	l'éloge *m*
holidays	les vacances *f*
conduct	la conduite
to behave	se conduire bien

322

to misbehave	se conduire mal
effort	l'effort *m*
to endeavour	s'efforcer de
obedience	l'obéissance *f*
obedient	obéissant
disobedience	la désobéissance
disobedient	désobéissant
to obey	obéir
to disobey	désobéir
laziness	la paresse

323

strict	sévère
severity	la sévérité
threat	la menace
to threaten	menacer
punishment	la punition
to punish	punir
to deserve	mériter
grammar	la grammaire
to indicate	indiquer
indication	l'indication *f*

324

to point out	signaler
spelling	l'orthographe *f*
to spell	épeler
full stop	le point
colon	les deux points *m*
semicolon	le point-virgule
comma	la virgule
question mark	le point d'interrogation
exclamation mark	le point d'exclamation
to note down	noter, inscrire

325

to ask (question)	interroger
to ask for	demander
to answer	répondre
answer	la réponse
to admire	admirer
admiration	l'admiration *f*
to exclaim	s'exclamer
article	l'article *m*
noun	le nom, le substantif
to name	nommer

326

appointment	le rendez-vous
to call	appeler
to be called	s'appeler
reference	la référence
to relate to	se rapporter à
fixed	fixe
to fix	fixer
to join	relier, joindre
together	ensemble
join	la jonction, le raccord

327

to correspond	correspondre
correspondence	la correspondance
sentence	la phrase
language	la langue
idiomatic	idiomatique
idiom	la locution
speech	la parole
talkative	bavard
voice	la voix
word	le mot

328

to express	exprimer
expressive	expressif
vocabulary	le vocabulaire
dictionary	le dictionnaire
letter	la lettre
speech	le discours
lecture	la conférence
lecturer	le conférencier, la conférencière
orator	l'orateur *m*
eloquence	l'éloquence *f*

329

eloquent	éloquent
elocution	la diction, l'élocution *f*
to converse	converser
conversation	la conversation
to understand	comprendre
to pronounce	prononcer
to correct	corriger
correction	la correction
example	l'exemple *m*
meaning	le sens

330

to mean	signifier
translation	la traduction
to translate	traduire
translator	le traducteur, la traductrice
interpreter	l'interprète
interpretative	interprétatif
interpretation	l'interprétation *f*
to imagine	imaginer
imagination	l'imagination *f*

331

idea	l'idée *f*
essay	l'essai *m*, la dissertation
essayist	l'essayiste
thesis	la thèse
thesis supervisor	le directeur de thèse
doctorate	le doctorat
to develop	développer
off the subject	hors sujet
object	l'objet *m*
subject	le sujet
to describe	décrire

332

description	la description
fable	la fable
drama	le théâtre
comedy	la comédie
comical	comique
chapter	le chapitre
to interest	intéresser
interesting	intéressant
attractive	attrayant
to attract	attirer

333

to publish	publier
to print	imprimer
printer	l'imprimeur *m*
printing	l'impression *f*
newspaper	le journal
journalist	le, la journaliste
magazine	la revue
news	les nouvelles *f*
to announce	annoncer
advertisement (classified)	l'annonce *f*

334

history	l'histoire *f*
historian	l'historien, l'historienne
the Stone Age	l'âge *m* de la pierre
the Bronze Age	l'âge *m* du bronze
the Iron Age	l'âge *m* du fer
the Dark Ages	l'âge *m* des ténèbres
the Middle Ages	le moyen-âge
archaeology	l'archéologie *f*
archaeologist	l'archéologue
to excavate	faire des fouilles

335

carbon dating	la datation à l'aide du carbone 14
event	l'événement *m*
to happen	se produire
to civilise	civiliser
civilisation	la civilisation
knight	le chevalier
chivalry	la chevalerie
explorer	l'explorateur *m*
to explore	explorer
discovery	la découverte

336

to discover	découvrir
pirate	le pirate
piracy	la piraterie
treasure	le trésor
conquest	la conquête
conqueror	le conquérant
to conquer	conquérir
empire	l'empire *m*
imperial	impérial
slave	l'esclave

337

emancipation	l'émancipation *f*
to emancipate	émanciper
destiny	le destin
to destine	destiner
power	le pouvoir, la puissance
powerful	puissant
to be able, can	pouvoir
slavery	l'esclavage *m*
to free	libérer
reformation	la réforme

121

338

liberator	le libérateur
nationalism	le nationalisme
nationalist	nationaliste
alliance	l'alliance *f*
to ally	s'allier
ally	l'allié, l'alliée
to enlarge	agrandir
increase	la croissance
to increase	augmenter
to diminish	diminuer

339

decline	le déclin
to decay	décliner
renowned	célèbre
to disturb	déranger
to emigrate	émigrer
emigrant	l'émigrant, l'émigrante
rebel	le rebelle
rebellion	la révolte
rising	le soulèvement
independence	l'indépendance *f*

340

geography	la géographie
map	la carte
North Pole	le pôle nord
South Pole	le pôle sud
north	le nord
south	le sud
east	l'est *m*
west	l'ouest *m*
compass	la boussole
magnetic north	le nord magnétique

341

distant	lointain
distance	la distance
near	proche
to approach	approcher, s'approcher
neighbour	le voisin, la voisine
to determine	déterminer
limit	la limite
region	la région
country	le pays
compatriot	le, la compatriote

342

citizen	le citoyen, la citoyenne
city	la ville
population	la population
to people	peupler
populous	populeux
village	le village
people	les gens, le peuple
province	la province
provincial	provincial
place	le lieu

Places   Les lieux

343

Africa	l'Afrique *f*
African	africain
North America	l'Amérique *f* du Nord
North American	nord-américain
South America	l'Amérique *f* du Sud
South American	sud-américain
Central America	l'Amérique *f* Centrale

Central American	de l'Amérique *f* Centrale
Australia	l'Australie *f*
Australian	australien

344

Europe	l'Europe *f*
European	européen
Arctic	les régions *f* arctiques
Antarctica	l'Antarctique *m*
Oceania	l'Océanie *f*
Oceanian	océanien
Asia	l'Asie *f*
Asian	asiatique
New Zealand	la Nouvelle-Zélande
New Zealander	néo-zélandais

345

Spain	l'Espagne *f*
Spanish	espagnol
Germany	l'Allemagne *f*
German	allemand
Italy	l'Italie *f*
Italian	italien
Greece	la Grèce
Greek	grec
Russia	la Russie
Russian	russe

346

Switzerland	la Suisse
Swiss	suisse
Holland	la Hollande
Dutch	hollandais
Portugal	le Portugal
Portuguese	portugais
Belgium	la Belgique

Belgian	belge
Great Britain	la Grande-Bretagne
British Isles	les Iles Britanniques

347

United Kingdom	le Royaume-Uni
British	britannique
England	l'Angleterre *f*
English	anglais
Scotland	l'Ecosse *f*
Scottish	écossais
Wales	le Pays de Galles
Welsh	gallois
Northern Ireland	l'Irlande *f* du Nord
Northern Irish	de l'Irlande du Nord

348

Ireland	l'Irlande *f*
Irish	irlandais
France	la France
French	français
Austria	l'Autriche
Austrian	autrichien
Scandinavia	la Scandinavie
Scandinavian	scandinave
Iceland	l'Islande *f*
Icelandic	islandais

349

Greenland	le Groenland
Greenlander	groenlandais
Sweden	la Suède
Swedish	suédois
Norway	la Norvège
Norwegian	norvégien
Finland	la Finlande

Finnish	finlandais, finnois
Denmark	le Danemark
Danish	danois

350

Bavaria	la Bavière
Bavarian	bavarois
Saxony	la Saxe
Saxon	saxon
Alsace	l'Alsace *f*
Alsatian	alsacien
Lorraine	la Lorraine
Dordogne	la Dordogne
Auvergne	l'Auvergne *f*
Provence	la Provence

351

London	Londres
London *adj*	londonien
Paris	Paris
Parisian	parisien
Madrid	Madrid
Madrid *adj*	madrilène
Edinburgh	Edimbourg
The Hague	La Haye

352

Toulouse	Toulouse
Milan	Milan
Lisbon	Lisbonne
Bordeaux	Bordeaux
Bordeaux *adj*	bordelais
Lyons	Lyon
Lyons *adj*	lyonnais
Marseilles	Marseille
Marseilles *adj*	marseillais

353

Rome	Rome
Roman	romain
Venice	Venise
Venetian	vénitien
Naples	Naples
Neapolitan	napolitain
Florence	Florence
Florentine	florentin
Turin	Turin
Cologne	Cologne

354

Hamburg	Hambourg
Hanover	Hanovre
Basle	Bâle
Vienna	Vienne
Viennese	viennois
Antwerp	Anvers
Berlin	Berlin
Berlin *adj*	berlinois
Geneva	Genève
Geneva *adj*	genévois

355

Athens	Athènes
Brussels	Bruxelles
Strasbourg	Strasbourg
Bruges	Bruges
Moscow	Moscou
Muscovite	moscovite
St Petersburg	Saint-Pétersbourg
Warsaw	Varsovie
Prague	Prague
Budapest	Budapest

356

Stockholm	Stockholm
Oslo	Oslo
Copenhagen	Copenhague
New York	New York
New York *adj*	new-yorkais
Havana	La Havane
Cairo	Le Caire
Cape Town	Le Cap
Beijing	Beijing
Mexico City	Mexico

357

Poland	la Pologne
Polish	polonais
Czech Republic	la République Tchèque
Czech	tchèque
Slovakia	la Slovaquie
Slovak	slovaque
Slovenia	la Slovénie
Slovene	slovène
Croatia	la Croatie
Croatian	croate

358

Hungary	la Hongrie
Hungarian	hongrois
Bosnia	la Bosnie
Bosnian	bosniaque
Serbia	la Serbie
Serbian	serbe
Albania	l'Albanie *f*
Albanian	albanais
Romania	la Roumanie
Romanian	roumain

359

Bulgaria	la Bulgarie
Bulgarian	bulgare
Macedonia	la Macédoine
Macedonian	macédonien
Moldova	la Moldavie
Moldovan	moldave
Belarus	la Biélorussie
Belorussian	biélorusse
Ukraine	l'Ukraine *f*
Ukrainian	ukrainien

360

Estonia	l'Estonie *f*
Estonian	estonien
Latvia	la Lettonie
Latvian	letton
Lithuania	la Lituanie
Lithuanian	lituanien
Armenia	l'Arménie *f*
Armenian	arménien
Azerbaijan	l'Azerbaïdjan *m*
Azerbaijani	Azerbaïdjanais

361

Georgia	la Géorgie
Georgian	géorgien
Siberia	la Sibérie
Siberian	sibérien
Turkey	la Turquie
Turkish	turc
Arabia	l'Arabie *f*
Arab	arabe
Morocco	le Maroc
Moroccan	marocain

362

Egypt	l'Egypte *f*
Egyptian	égyptien
China	la Chine
Chinese	chinois
India	l'Inde *f*
Indian	indien
Japan	le Japon
Japanese	japonais
Ghana	le Ghana
Ghanaian	ghanéen

363

Algeria	l'Algérie *f*
Algerian	algérien
Tunisia	la Tunisie
Tunisian	tunisien
South Africa	l'Afrique du Sud *f*
South African	sud-africain
Israel	Israël *m*
Israeli	israélien
Palestine	la Palestine
Palestinian	palestinien

364

Castile	la Castille
Castilian	castillan
Andalusia	l'Andalousie *f*
Andalusian	andalou
Catalonia	la Catalogne
Catalan	catalan
Galicia	la Galice
Galician	galicien
Basque Country	le Pays Basque
Basque	basque

365

United States	les Etats-Unis *m*
American	américain
Canada	le Canada
Canadian	canadien
Mexico	le Mexique
Mexican	mexicain
Colombia	la Colombie
Colombian	colombien
Peru	le Pérou
Peruvian	péruvien

366

Brazil	le Brésil
Brazilian	brésilien
Chile	le Chili
Chilean	chilien
Argentina	l'Argentine *f*
Argentinian	argentin
Uruguay	l'Uruguay *m*
Uruguayan	uruguayen
Bolivia	la Bolivie
Bolivian	bolivien

367

Pyrenees	les Pyrénées *f*
Alps	les Alpes *f*
Atlas Mountains	l'Atlas *m*
Dolomites	les Dolomites *f*
Carpathians	les Carpates *f*
Andes	les Andes *f*
Himalayas	l'Himalaya *m*
Mont Blanc	le Mont Blanc
Table Mountain	la Montagne de la Table
Everest	l'Everest *m*

368

Amazon	l'Amazone *f*
Nile	le Nil
Rhine	le Rhin
Rhône	le Rhône
Tagus	le Tage
Danube	le Danube
Thames	la Tamise
Seine	la Seine
Loire	la Loire
Volga	la Volga

369

Atlantic	l'Atlantique *m*
Pacific	le Pacifique
Arctic	l'océan glacial Arctique
Antarctic	l'océan glacial Antarctique
Mediterranean	la Méditerranée
North Sea	la mer du Nord
Black Sea	la mer Noire
Red Sea	la mer Rouge
Dead Sea	la mer Morte
Caribbean	la mer des Antilles

370

Baltic Sea	la mer Baltique
English Channel	la Manche
Bay of Biscay	le golfe de Gascogne
West Indies	les Antilles
Canaries	les îles Canaries
The Philippines	les Philippines
Sicily	la Sicile
Sardinia	la Sardaigne
Corsica	la Corse
Corsican	corse

371

Balearic Islands	les Baléares
Crete	la Crète
Cretan	crétois
Cyprus	Chypre *f*
Cypriot	cypriote
Dardanelles	les Dardanelles *f*
Bosphorus	le Bosphore
Channel Islands	les îles Anglo-Normandes
Falkland Islands	les Malouines

Science   *La science*

372

weights	les poids *m*
weight	le poids
to weigh	peser
heavy	lourd
light	léger
scales	la balance
to measure	mesurer
to compare	comparer
comparison	la comparaison

373

to contain	contenir
contents	le contenu
metric system	le système métrique
metre	le mètre
centimetre	le centimètre
millimetre	le millimètre
gram	le gramme
kilogram	le kilo
litre	le litre
hectare	l'hectare *m*

133

374

kilometre	le kilomètre
tonne	la tonne
inch	le pouce
foot	le pied
arithmetic	l'arithmétique *f*
mathematics	les mathématiques *f*
to calculate	calculer
to count	compter
number	le numéro, le nombre

375

figure	le chiffre
zero	zéro
addition	l'addition *f*
to add	additionner
subtraction	la soustraction
to subtract	soustraire
remainder	le reste
equal	égal
equality	l'égalité *f*
to multiply	multiplier
product	le produit

376

quotient	le quotient
divisor	le diviseur
to divide	diviser
part	la part
fraction	la fraction
half	la moitié
third	le tiers
quarter	le quart
dozen	la douzaine
double	double

377

triple	triple
geometry	la géométrie
algebra	l'algèbre *f*
space	l'espace *m*
spacious	spacieux
parallel	parallèle
perpendicular	perpendiculaire
horizontal	horizontal
horizon	l'horizon *m*
right angle	l'angle *m* droit

378

triangle	le triangle
square	le carré
curved	courbe
straight	droit
circumference	la circonférence
circle	le cercle
centre	le centre
diameter	le diamètre
problem	le problème
correct	exact

379

incorrect	inexact
wrong	faux
simple	simple
to complicate	compliquer
to demonstrate	démontrer
to solve	résoudre
result	le résultat
to result	résulter
physics	la physique
physical	physique

380

matter	la matière
pressure	la pression
phenomenon	le phénomène
strange	étrange
movement	le mouvement
to move	bouger
mobile	mobile
immobile	immobile
electric	électrique
electricity	l'électricité *f*

381

mechanics	la mécanique
invent	inventer
optics	l'optique *f*
optical	optique
microscope	le microscope
lens	la lentille
to reflect	réfléchir
reflection	la réflexion
chemistry	la chimie
chemical	chimique

382

biology	la biology
biological	biologique
biologist	le, la biologiste
to research	faire des recherches
researcher	le chercheur
element	l'élément *m*
oxygen	l'oxygène *m*
hydrogen	l'hydrogène *m*
atom	l'atome *m*
nucleus	le noyau, le nucléus

383

laboratory	le laboratoire
experiment	l'expérience *f*
mixture	le mélange
to decompose	décomposer
to compose	composer
compound	le composé
rare	rare
science	la science
scientific	scientifique

384

scientist	le scientifique
knowledge	la connaissance, le savoir
to know (something)	savoir
to know (somebody)	connaître
wisdom	la sagesse
wise	sage
sage	le sage
to be ignorant of	ignorer
experience	l'expérience *f*
inexperience	l'inexpérience *f*

Communications   *Les communications*

385

telegraph	le télégraphe
telegram	le télégramme
to telegraph	télégraphier
telex	le télex
telephone	le téléphone
to telephone	téléphoner
telephonist	le, la téléphoniste
call	l'appel *m*

receiver	le combiné
mouthpiece	le microphone

386

telephone booth	la cabine téléphonique
telephone exchange	le central téléphonique
telephone directory	l'annuaire *m*
telephone subscriber	l'abonné, l'abonnée
answerphone	le répondeur
to hang up	raccrocher
engaged	occupé
to dial	composer le numéro
radiotelephone	le radiotéléphone
videophone	le visiophone

387

fax	le fax, la télécopie
to fax	faxer
modem	le modem
electronic mail	le courrier électronique
information technology	l'informatique *f*
microelectronics	la microélectronique
screen	l'écran *m*
keyboard	le clavier
key	la touche
mouse	la souris

388

computer	l'ordinateur *m*
computer language	le langage de programmation
computer literate	initié à l'informatique
computer scientist	l'informaticien, l'informaticienne
computer game	le jeu électronique
computer animation	l'animation *f* sur ordinateur

computer-aided design	la conception assistée par ordinateur
computerese	le jargon informatique
to computerise	informatiser
computerisation	l'informatisation *f*

389

to program	programmer
programmer	le programmeur, la programmeuse
systems analyst	l'analyste fonctionnel
word processing	le traitement de texte
memory	la mémoire
disk drive	le lecteur de disques
software	le logiciel
hardware	le matériel
shareware	le share-ware
cursor	le curseur

390

menu	le menu
to store	mémoriser
file	le fichier
to file	classer
data	les données *f*
database	la base de données
desktop publishing	la publication assistée par ordinateur
to lay out	composer, mettre en page
silicon	le silicium
silicon chip	la puce électronique

391

user-friendly	convivial
laser printer	l'imprimante *f* à laser
ink-jet printer	l'imprimante *f* à jet d'encre

scanner	le scanner
circuit	le circuit
fibreoptics	la transmission par fibre optique
machine translation	la traduction automatique
to network	interconnecter
networking	l'interconnexion *f*
information superhighway	l'autoroute *f* de l'information

The Arts and Entertainment
Les arts et les spectacles

392

painting	la peinture
painter	le peintre
to paint	peindre
picturesque	pittoresque
artist	l'artiste
museum	le musée
engraving	la gravure
print	l'estampe *f*
background	l'arrière-plan *m*

393

foreground	l'avant-plan *m*
still life	la nature morte
drawing	le dessin
to draw	dessiner
draughtsman	le dessinateur
outline	l'esquisse *f*
to imitate	imiter
imitation	l'imitation *f*
abstract	abstrait
innovative	novateur

394

to innovate	innover
resemblance	la ressemblance
similar	similaire
forgery	le faux
forger	le faussaire
auction	la vente aux enchères
to bid	faire une offre
lot	le lot
reserve price	le prix minimum
exhibition	l'exposition *f*

395

antique	l'antiquité *f*
antique dealer	l'antiquaire
art dealer	le marchand de tableaux
palette	la palette
brush	le pinceau
easel	le chevalet
colour	la couleur
to colour	colorer
coloured	coloré, en couleur
dull	mat

396

multicoloured	multicolore
contrast	le contraste
to contrast	contraster
white	blanc
black	noir
light blue	bleu clair
dark green	vert foncé
yellow	jaune
brown	marron, brun
chestnut	marron

397

pink	rose
red	rouge
violet	violet
mauve	mauve
purple	violet, pourpre
gilt	doré
to gild	dorer
grey	gris
patron	le mécène
patronage	le mécénat

398

to patronise	patronner
oils	l'huile *f*
watercolour	l'aquarelle *f*
fresco	la fresque
triptych	le tryptique
cartoon	la bande dessinée
the Renaissance	la Renaissance
Renaissance Art	l'art *m* de la Renaissance
crayon	le pastel
canvas	la toile

399

gallery	la galerie
tone	le ton
landscape	le paysage
portrait	le portrait
portraitist	le portraitiste
miniature	la miniature
miniaturist	le, la miniaturiste
landscape painter	le, la paysagiste
impressionism	l'impressionnisme *m*
impressionist	impressioniste

400

surrealism	le surréalisme
surrealist	surréaliste
cubism	le cubisme
cubist	cubiste
symbol	le symbole
to symbolise	symboliser
symbolic	symbolique
sculpture	la sculpture
sculptor	le sculpteur
workshop	l'atelier *m*

401

to carve	tailler
model	le modèle
statue	la statue
bust	le buste
group	le groupe
chisel	le ciseau
cast	le moule
shape	la forme
to shape	former
architecture	l'architecture *f*

402

architect	l'architecte
vault	la voûte
dome	le dôme
pillar	le pilier
arch	l'arc *m*
tower	la tour
scaffolding	l'échafaudage *m*
arch	l'arche *f*
column	la colonne
plinth	la plinthe

403

nave	la nef
cathedral	la cathédrale
cathedral city	la ville épiscopale
apse	l'abside *f*
stained glass	le vitrail
transept	le transept
flying buttress	l'arc-boutant *m*
font	les fonts baptismaux *m*
crypt	la crypte
basilica	la basilique

404

Gothic	gothique
Romanesque	roman
Baroque	baroque
mosque	la mosquée
minaret	le minaret
synagogue	la synagogue
pagoda	la pagode
mausoleum	le mausolée
pyramid	la pyramide
Sphinx	le Sphinx

405

temple	le temple
Corinthian	corinthien
Ionian	ionien
Doric	dorique
forum	le forum
amphitheatre	l'amphithéâtre *m*
aqueduct	l'aqueduc *m*
dolmen	le dolmen
menhir	le menhir
cave painting	la peinture rupestre

406

illiterate	analphabète
literate	qui sait lire et écrire
oral history	la tradition orale
ballad	la ballade
saga	la saga
tradition	la tradition
story	le conte
storyteller	le raconteur
narrative	la narration
to learn by heart	apprendre par cœur

407

literature	la littérature
papyrus	le papyrus
parchment	le parchemin
alphabet	l'alphabet *m*
character	le signe, le personnage
author	l'auteur *m*
writer	l'écrivain *m*
editor	le rédacteur
edition	l'édition *f*
copyright	les droits *m* d'auteur, le copyright

408

style	le style
reader	le lecteur, la lectrice
biography	la biographie
biographer	le, la biographe
biographical	biographique
autobiography	l'autobiographie *f*
autobiographical	autobiographique
fiction	la fiction
fictional	fictif
science fiction	la science-fiction

409
novel	le roman
novelist	le romancier, la romancière
publisher	l'éditeur *m*
royalties	les droits *m* d'auteur
bookshop	la librairie
bookseller	le, la libraire
encyclopaedia	l'encyclopédie *f*
encyclopaedic	encyclopédique
paperback	le livre de poche
poetry	la poésie

410
poet	le poète, la poétesse
poetic	poétique
rhyme	la rime
to rhyme	rimer
metre	le mètre
stanza	la strophe
sonnet	le sonnet
assonance	l'assonance *f*
syllable	la syllabe
nursery rhyme	la comptine

411
fairy tale	le conte de fées
Cinderella	Cendrillon
Red Riding Hood	le Petit Chaperon Rouge
Snow White	Blanche-Neige
dwarf	le nain
goblin	le lutin
gnome	le gnome
elf	l'elfe *m*
Sleeping Beauty	la Belle au bois dormant
Snow Queen	la Reine des neiges

412

Puss in Boots	le Chat Botté
Bluebeard	Barbe-bleue
witch	la sorcière
wizard	le sorcier, l'enchanteur *m*
spell	le charme
to cast a spell	jeter un charme
magician	le magicien, la magicienne
magic	la magie
magical	magique
mermaid	la sirène

413

mythology	la mythologie
Homer	Homère
Homeric	homérique
Iliad	l'Iliade *f*
Odyssey	l'Odyssée *f*
Odysseus	Odusseus
Trojan	troyen
Trojan horse	le cheval de Troie
Achilles	Achille
Achilles' heel	le talon d'Achille

414

Cyclops	le cyclope
Atlantis	l'Atlantide *f*
Romulus	Romulus
Hercules	Hercule
Herculean	herculéen
The Arabian nights	les mille et une nuits
Armageddon	Armageddon *m*
Valhalla	Walhalla *m*
Thor	Tor *m*
rune	la rune

415

masterpiece	le chef d'œuvre
music	la musique
musician	le musicien, la musicienne
to play (an instrument)	jouer
composer	le compositeur
orchestra	l'orchestre *m*
symphony	la symphonie
aria	l'aria *m*
overture	l'ouverture *m*
march	la marche

416

soft	doux
stringed instrument	l'instrument *m* à cordes
wind instrument	l'instrument *m* à vent
brass instruments	les cuivres *m*
piano	le piano
pianist	le, la pianiste
organ	l'orgue *m*, les orgues *f*
organist	l'organiste
harmony	l'harmonie *f*
flute	la flûte

417

to blow	souffler
bagpipes	la cornemuse
cornet	le cornet
violin	le violon
auditorium	l'auditorium *m*
score	la partition
opera	l'opéra *m*
tenor	le ténor
soprano	le, la soprano
baritone	le bariton

418

bass	la contrebasse
conductor	le chef d'orchestre
instrumentalist	l'instrumentaliste
rehearsal	la répétition
viola	la viole d'amour
violinist	le, la violoniste
cello	le violoncelle
bow	l'archet *m*
guitar	la guitare

419

to strum	gratter
harp	la harpe
drum	le tambour
oboe	le hautbois
clarinet	la clarinette
bassoon	le basson
trumpet	la trompette
trombone	le trombone
French horn	le cor d'harmonie
tuba	le tuba

420

songbook	le recueil de chansons
singing	le chant
to sing	chanter
to enchant	enchanter
enchanting	charmant
spell, charm	le charme
singer	le chanteur
singer (woman)	la chanteuse, la cantatrice
choir	le chœur
to accompany	accompagner
accompaniment	l'accompagnement *m*

421

song	la chanson
refrain	le refrain
concert	le concert
to syncopate	syncoper
jazz	le jazz
beat	le rythme
saxophone	le saxophone
rock music	le rock
drums	la batterie

422

synthesiser	le synthétiseur
folk music	le folk
mandolin	la mandoline
banjo	le banjo
ocarina	l'ocarina *m*
accordion	l'accordéon *m*
xylophone	le xylophone
tambourine	le tambourin
zither	la cithare
concertina	le concertina

423

dance, dancing	la danse
to dance	danser
ball	le bal
dancer	le danseur, la danseuse
theatre	le théâtre
theatrical	théâtral
mask	le masque
box office	le guichet
seat, place	la place
stalls	l'orchestre *m*
box (theatre)	la loge

424

pit	l'orchestre
stage	la scène
scene	la scène
interval	l'entracte *m*
scenery	le décor
curtain	le rideau
play	la pièce
playwright	le dramaturge
character	le personnage

425

tragedy	la tragédie
comedy	la comédie
actor	l'acteur *m*
actress	l'actrice *f*
to play a role	jouer un rôle
to be word-perfect	maîtriser parfaitement son rôle
costume	le costume
lighting	l'éclairage *m*
denouement	le dénouement
to stage	mettre en scène

426

performance	la représentation
flop	le fiasco
to flop	faire un four
debut, first performance	le début
trapdoor	la trappe
to be a success	être un succès
audience	le public
spectator	le spectateur, la spectatrice
applause	les applaudissements *m*
whistling, hissing	les sifflets *m*

427

cinema	le cinéma
screen	l'écran *m*
to dub	doubler
to subtitle	sous-titrer
subtitles	les sous-titres *m*
sequel	la suite
director	le réalisateur
producer	le producteur
to censor	censurer
censorship	la censure

428

to whistle, hiss	siffler
amusements	les jeux
playground	la cour de récréation
to enjoy oneself	s'amuser
entertaining	divertissant
amusing	amusant
pastime	le passe-temps
rest	le repos
to rest	se reposer
weariness	la lassitude

429

to get tired	se fatiguer
tired	fatigué
to get bored	s'ennuyer
boring	ennuyeux
fair	la foire
festival	le festival
crowd	la foule
to assemble	se rassembler
circus	le cirque
trapeze	le trapèze

430

trapeze artist	le, la trapéziste
tightrope	la corde raide
tightrope walker	le, la funambule
acrobat	l'acrobate
acrobatic	acrobatique
acrobatics	les acrobaties *f*
clown	le clown
joke	la farce
lottery	la loterie
to be lucky	avoir de la chance

431

luck	la chance
swing	la balançoire
to swing (oneself)	se balancer
seesaw	la bascule
roundabout	le manège
game	le jeu
to play	jouer
player	le joueur, la joueuse
toy	le jouet
match	la partie, le match

432

to win	gagner
to lose	perdre
to draw	faire match nul
to cheat	tricher
deceit	la supercherie
deceitful	mensonger
meeting	la réunion
to meet	se réunir
to join	rejoindre
party	le groupe

433
to visit	visiter
visit	la visite
playing cards	les cartes *f*
to deal	distribuer les cartes
to shuffle	battre les cartes
suit	la couleur
billiards	le billard
cue	la queue de billard
cannon	le carambolage
spin	l'effet *m*

434
chess	les échecs *m*
piece	la pièce
pawn	le pion
rook	la tour
bishop	le fou
knight	le cavalier
chessboard	l'échiquier *m*
draughts	le jeu *m* de dames
dice	les dés *m*
jigsaw	le puzzle

Sport — Le sport

435
swimming	la natation
to swim	nager
swimmer	le nageur, la nageuse
breaststroke	la brasse
crawl	le crawl
backstroke	le dos *m* crawlé
butterfly stroke	la nage papillon
to dive	plonger

436

high diving	le plongeon de haut vol
to row	ramer
rower	le rameur
oar	l'aviron *m*
canoe	le canoë
canoeing	le canoë-kayak
canoeist	le, la canoéiste
paddle	la pagaie
skate	le patin
to skate	patiner

437

figure skating	le patinage artistique
rollerskates	les patins *m* à roulettes
skateboard	le skateboard
amateur	l'amateur *m*
fan	le supporter
bet	le pari
to bet	parier
odds	la cote
ball	la balle, le ballon
football (sport)	le football

438

football	le ballon de football
footballer	le footballeur
football pools	le jeu des pronostics
referee	l'arbitre *m*
penalty	le pénalty
corner	le corner
offside	hors-jeu
forward	l'avant *m*
defender	l'arrière *m*
midfielder	le demi

439

winger	l'ailier *m*
to score	marquer un but
to shoot	shooter
to dribble	dribbler
goal	(objectif) le but
goal (score)	le but
goalkeeper	le gardien de but
goalscorer	le buteur
goal kick	le dégagement
team	l'équipe *f*

440

league	la ligue
trophy	le trophée
knockout competition	la compétition à éliminatoires *f*
rugby	le rugby
to tackle	plaquer
scrum	la mêlée
scrum-half	le demi de mêlée
fly-half	le demi d'ouverture
prop	le pilier
fullback	l'arrière *m*

441

American football	le football américain
tennis	le tennis
lawn tennis	le tennis sur gazon
tennis player	le joueur, la joueuse de tennis
set	le set
volley	la volée
to serve	servir
table tennis	le ping-pong
racket	la raquette
boxing	la boxe

442

boxer	le boxeur
wrestling	la lutte
champion	le champion, la championne
fencing	l'escrime *f*
fencer	l'escrimeur, l'escrimeuse
foil	le fleuret
gymnast	le, la gymnaste
gymnastics	la gymnastique
somersault	le saut périlleux
cycling	le cyclisme

443

cyclist	le cycliste
mountain bicycle	le vélo tout-terrain
time trial	la course contre la montre
stage	l'étape *f*
yellow jersey	le maillot jaune
horseriding	l'équitation *f*
showjumping	le concours hippique
dressage	le dressage
polo	le polo
horseman	la cavalier, la cavalière

444

grandstand	la tribune
racecourse	l'hippodrome *m*
race	la course
to run	courir
bullfight	la corrida
bullfighter	le toréador
motor racing	la course automobile
scrambling	le motocross
hockey	le hockey
bowls	le jeu de boules *f*

445

stadium	le stade
high jump	le saut en hauteur
long jump	le saut en longueur
triple jump	le triple saut
pole vault	le saut à la perche
long-distance runner	le coureur de fond
lap	le tour de piste
marathon	le marathon
training	l'entraînement *m*
athletics	l'athlétisme

446

athlete	l'athlète
sprinter	le sprinter, la sprinteuse
sprint	le sprint
to sprint	sprinter
starting blocks	le starting-block
hurdle	la haie
hurdler	le coureur de haies
javelin	le javelot
shotput	le poids
to put the shot	lancer le poids

447

discus	le disque
hammer	le marteau
relay race	la course de relais
baton	le témoin
Olympics	les Jeux Olympiques
triathlon	le triathlon
decathlon	le décathlon
decathlete	le décathlonien
pentathlon	le pentathlon
pentathlete	le pentathlonien

448

mountaineering	l'alpinisme *m*
mountaineer	l'alpiniste
rock climbing	l'escalade *f*
rock climber	le grimpeur
ice-axe	le piolet
skiing	le ski
to ski	skier
ski	le ski
cross-country skiing	le ski de randonnée *f*
winter sports	les sports *m* d'hiver

449

ski-lift	le télésiège
skier	le skieur, la skieuse
ski stick	le bâton de ski
ski-jump	le saut à skis
snowshoes	les raquettes *f*
ice hockey	le hockey sur glace
puck	le palet
toboggan	la luge
water-skiing	le ski nautique
outboard motor	le hors-bord

450

slalom	le slalom
to abseil	descendre en rappel
to fish	pêcher
angling	la pêche à la ligne
fishing rod	la canne à pêche
reel	le moulinet
bait	l'appât *m*
to bait	appâter
hook	le hameçon
fly fishing	la pêche à la mouche

Food and Drink
La nourriture et la boisson

451

food	la nourriture
provisions	les provisions *f*
to nourish	nourrir
appetite	l'appétit *m*
snack	le casse-croûte
to have a snack	casser la croûte
hunger	la faim
hungry	affamé
thirst	la soif
thirsty	assoiffé

452

to be hungry	avoir faim
to be thirsty	avoir soif
sweet	sucré
to have a sweet tooth	aimer les sucreries
sugar	le sucre
sugary	sucré
tasteless	insipide
bitter	amer
milk	le lait
to pasteurise	pasteuriser

453

skimmed milk	le lait écrémé
whole milk	le lait entier
cream	la crème
butter	le beurre
buttermilk	le babeurre
cheese	le fromage
egg	l'œuf *m*

yolk	le jaune d'œuf
egg white	le blanc d'œuf
shell	la coquille

454

soft-boiled egg	l'œuf *m* à la coque
scrambled eggs	les œufs *m* brouillés
omelette	l'omelette *f*
bread	le pain
brown bread	le pain bis
sliced bread	le pain en tranches
loaf	la miche
roll	le petit pain
crumb	la miette
crust	la croûte

455

health foods	les aliments naturels
organically grown	de culture biologique
vegetarian	végétarien
fibre	la fibre
wholemeal bread	le pain complet
rye bread	le pain de seigle
to slim	être au régime
lentils	les lentilles *f*
margarine	la margarine
polyunsaturated	polyinsaturé

456

fast food	le prêt-à-manger
hamburger	le hamburger
hot dog	le hot-dog
pizza	la pizza
fat	la matière grasse
fatty food	les aliments gras
frozen food	les surgelés *m*

french fries	les frites *f*
crisps	les chips *f*
confectionery	les pâtisseries *f*

457

vegetable	le légume
carrot	la carotte
broccoli	le brocoli
onion	l'oignon *m*
celery	le céleri
radish	le radis
spinach	les épinards *m*
asparagus	l'asperge *f*
cucumber	le concombre
gherkin	le cornichon

458

lettuce	la laitue
tomato	la tomate
peas	les petits pois *m*
chickpeas	les pois chiches *m*
bean	le haricot
french bean	le haricot vert
cauliflower	le chou-fleur
Brussels sprout	le chou de Bruxelles
aubergine	l'aubergine *f*

459

salad	la salade
mixed salad	la salade mélangée
corn	le maïs
beetroot	la betterave
green pepper	le poivron vert
mashed potato	la purée de pommes de terre
garlic	l'ail *m*
pumpkin	le potiron

courgette	la courgette
marrow	la courge

460

sweet potato	la patate douce
mushroom	le champignon
condiment	le condiment
spice	l'épice *f*
coriander	la coriandre
mustard	la moutarde
nutmeg	la noix de muscade
cinnamon	la cannelle
turmeric	le curcuma
saffron	le safran

461

soup	la soupe, le potage
soup tureen	la soupière
broth	le bouillon
beef	le bœuf
veal	le veau
steak	le steack
rare	bleu
well-done	à point
sauce	la sauce
gravy	le jus de viande

462

cutlet	la côtelette
ham	le jambon
bacon	le bacon
sausage	la saucisse
pepperoni	le saucisson épicé
blood sausage	le boudin
raw	cru
soft	tendre, mou

hard	dur
stew	le ragoût

463

tripe	les tripes *f*
cooking	la cuisson
cook	le cuisinier, la cuisinière
to cook	faire cuire
to roast	faire rôtir
roast	le rôti
to stew	dauber
to slice	couper en tranches
slice	la tranche
to fry	faire frire

464

fried	frit
chicken	le poulet
breast	le blanc
leg	la cuisse
ham	le jambon
to cure	saler
to smoke (food)	fumer
lamb	l'agneau *m*
pork	le porc
horse meat	le cheval
horse butcher	la boucherie chevaline

465

to grill	faire griller
to barbecue	faire griller au feu de bois
barbecue	le gril au feu de bois
to bake	faire cuire au four
breaded	pané
scampi	les scampi *m*
to stuff	farcir

spit	la broche
suckling pig	le cochon de lait
shank (lamb)	le jarret

466

fish	le poisson
haddock	l'églefin *m*
mussel	la moule
mullet	le rouget
mackerel	le maquereau
clam	la palourde
sole	la sole
tuna	le thon
salad	la salade
oil	l'huile *f*

467

vinegar	le vinaigre
sour	aigre
cruet stand	le flacon d'huile et de vinaigre
salt	le sel
saltcellar	la salière
pepper	le poivre
pepperpot	le poivrier
mustard	la moutarde
mayonnaise	la mayonnaise

468

jam	la confiture
marmalade	la marmelade
cake	le gâteau
pastry-cook	le pâtissier, la pâtissière
dough	la pâte
dessert	le dessert
pancake	la crêpe
rice pudding	le gâteau de riz

custard	la crème anglaise
roast apple	la pomme au four

469

caramel cream	la crème caramel
ice cream	la glace
chocolate	le chocolat
chocolate mousse	la mousse au chocolat
fritters	les beignets *m*
sponge cake	le gâteau de Savoie
fruit salad	la salade de fruits
whipped cream	la crème fouettée
cheesecake	le flan au fromage blanc
lemon meringue	la meringue au citron

470

pudding	le dessert
biscuit	le biscuit
baby food	les aliments pour bébés
flour	la farine
self-raising flour	la farine pour gâteaux
yeast	la levure
baking soda	le bicarbonate de soude
lard	le lard
peanut oil	l'huile *f* d'arachide
sunflower oil	l'huile *f* de tournesol

471

olive oil	l'huile *f* d'olive
rice	le riz
yoghurt	le yaourt
doughnut	le beignet
apple compote	la compote de pommes
sandwich	le sandwich
spaghetti	les spaghetti *m*
grated cheese	le fromage râpé

noodles	les nouilles *f*
frog legs	les cuisses *f* de grenouille

472

restaurant	le restaurant
menu	le menu
starter	le hors d'œuvre
main course	le plat de résistance
waiter	le serveur
waitress	la serveuse
drink	la boisson
to drink	boire
to sip	siroter
to gulp	engloutir

473

to empty	vider
empty	vide
nonalcoholic drink	la boisson non alcoolisée
wine	le vin
red wine	le vin rouge
rosé wine	le vin rosé
vintage	le millésime
beer	la bière
water	l'eau *f*
drinkable	potable

474

milkshake	le milk-shake
tonic	le Schweppes
juice	le jus
soft drink	la boisson non alcoolisée
sherry	le xérès, le sherry
dry	sec, dry
sherbet	le sorbet
orange squash	l'orangeade *f*

lemonade	la limonade
fizzy	gazeux
to uncork	déboucher

475

corkscrew	le tire-bouchon
liqueur	la liqueur
spirits	les spiritueux *m*
cognac	le cognac
tonic water	le Schweppes
lemon squash	la citronnade
mineral water	l'eau *f* minérale
cappuccino	le cappuccino
tea	le thé
camomile tea	la camomille

476

lemon tea	le thé citron
coffee	le café
coffee with milk	le café au lait
decaffeinated coffee	le café décaféiné
iced coffee	le café glacé
instant coffee	le café soluble
soda	le soda
whisky	le whisky
canned beer	la bière en boîte
bottled beer	la bière en bouteille

477

cider	le cidre
champagne	le champagne
vermouth	le vermouth
vodka	la vodka
rum	le rhum
Irish coffee	le café irlandais
anise	l'anis *m*

brandy	l'eau-de-vie *f*
cherry brandy	le kirsch
applejack	le calvados

Travel and Tourism
Les voyages et le tourisme

478

to travel	voyager
traveller	le voyageur, la voyageuse
travel agency	l'agence *f* de voyages
travel agent	l'agent de voyages
package holiday	les vacances *f* organisées
tourist	le, la touriste
tourist season	la saison touristique
hotel	l'hôtel *m*
hotelier	l'hôtelier, l'hôtelière
reception	la réception

479

information desk	le bureau de renseigements
lobby	le hall, le vestibule
service	le service
to book in advance	réserver d'avance
vacant	libre
bill	la note
tip	le pourboire
hostel	le foyer
youth hostel	l'auberge *f* de jeunesse
boarding house	la pension de famille

480

| camping | le camping |
| campsite | l'emplacement *m* |

to go camping	faire du camping
camp-chair	la chaise pliante
camping-van	le camping-car
air mattress	le matelas pneumatique
bottle-opener	l'ouvre-bouteilles *m*
camp bed	le lit de camp
tin-opener	l'ouvre-boîtes *m*

481

campfire	le feu de camp
flashlight	la lampe électrique
fly sheet	le double toit
ground	le sol
ground sheet	le tapis de sol
guy line	la corde
mallet	le maillet
shelter	l'abri *m*
to take shelter	s'abriter
to get wet	se mouiller

482

sleeping bag	le sac de couchage
to sleep out	dormir à la belle étoile
tent	la tente
tent peg	le piquet de tente
tent pole	le montant de tente
thermos flask	la bouteille thermos
caravan	la caravane
to go caravaning	faire du caravaning
to live rough	vivre à la dure
tramp	le vagabond

483

self-catering apartment	l'appartement *m* indépendant
day-tripper	l'excursionniste
trip	l'excursion *f*

railway	le chemin de fer
platform	le quai
to derail	dérailler
derailment	le déraillement
to collide	entrer en collision
collision	la collision
accident	l'accident *m*

484

timetable	les horaires
guidebook	le guide
train	le train
express train	le rapide
through train	le train direct
to arrive	arriver
arrival	l'arrivée *f*
to leave	partir
departure	le départ
departure board	le tableau des départs

485

underground railway	le métro
diesel	le gazole
steam	la vapeur
corridor	le corridor
to alight	descendre
halt	l'arrêt *m*
compartment	le compartiment
tunnel	le tunnel
viaduct	le viaduc
cutting	la tranchée

486

railway network	le réseau ferroviaire
railhead	la tête de ligne
railtrack	la voie ferrée

railworker	le cheminot
stationmaster	le chef de gare
waiting room	la salle d'attente
single ticket	l'aller simple *m*
return ticket	l'aller-retour *m*
to examine	contrôler
ticket inspector	le contrôleur

487
guard	le chef de train
engine driver	le mécanicien
signalman	l'aiguilleur *m*
locomotive	la locomotive
carriage	le wagon
dining car	le wagon-restaurant
sleeping car	le wagon-couchettes
luggage	les bagages *m*
to check in	enregistrer les bagages
left-luggage	la consigne

488
trunk	la malle
case	la valise
rucksack	le sac à dos
stop	l'arrêt *m*
to stop	s'arrêter
stay	le séjour
customs	la douane
customs officer	le douanier
examination	le contrôle, la visite
to examine	contrôler

489
duty	le droit de douane
tax	la taxe
to tax	taxer

to declare	déclarer
duty-free	hors taxe, duty-free
passport	le passeport
identity card	la carte d'identité
bus	l'autobus *m*
taxi	le taxi
taxi driver	le chauffeur de taxi

490

driving licence	le permis de conduire
to drive	conduire
motor car	la voiture
motoring	l'automobilisme *m*
motorist	l'automobiliste
to hire	louer
trailer	la remorque
to give someone a lift	déposer quelqu'un
hitchhiker	l'auto-stoppeur, l'auto-stoppeuse
to hitchhike	faire de l'auto-stop

491

hitchhiking	l'auto-stop *m*
sharp bend	le virage serré
to skid	déraper
door (vehicle)	la portière
window (vehicle)	la vitre
to park	se garer
to slow down	ralentir
to accelerate	accélérer
to start up	démarrer
to overtake	doubler, dépasser

492

aerial	l'antenne *f*
air filter	le filtre à air

alternator	l'alternateur *m*
antifreeze	l'antigel *m*
gearbox	la boîte de vitesses
axle	l'essieu *m*
battery	les accus *m*
flat	à plat
bonnet	le capot
boot	le coffre

493

brake fluid	le lockheed
bumper	le pare-chocs
carburettor	le carburateur
child seat	le siège pour enfants
choke	le starter
clutch	l'embrayage *m*
cylinder	le cylindre
horsepower	la puissance

494

disc brake	le frein à disques
distributor	le delco
dynamo	la dynamo
dynamic	dynamique
engine	le moteur
exhaust	le tuyau d'échappement
fan belt	la courroie de ventilateur
fuel gauge	la jauge d'essence
fuel pump	la pompe d'alimentation
fuse	le fusible

495

gear lever	le levier de vitesses
generator	la génératrice
to generate	générer
alternating current	le courant alternatif

hand brake	le frein à main
hazard lights	les feux *m* de détresse
horn	le klaxon
ignition	le contact
ignition key	la clef de contact
indicator	le clignotant

496

jack	le cric
silencer	le silencieux
number plate	la plaque minéralogique
oil filter	le filtre à huile
points	les vis platinées *f*
rear-view mirror	le rétroviseur
reflector	le cataphote
reverse light	les feux *m* de recul
roof-rack	la galerie
seat	le siège

497

seat belt	la ceinture de sécurité
shock absorbers	les amortisseurs *m*
socket wrench	la clef à pipe
spanner	la clef anglaise
spare part	la pièce détachée
spark plug	la bougie
speedometer	le compteur
starter motor	le démarreur
steering wheel	le volant
sunroof	le toit ouvrant

498

suspension	la suspension
towbar	la barre de remorquage
transmission	la transmission
tyre	le pneu

wheel	la roue
windscreen	le pare-brise
wipers	les essuie-glace *m*
wrench	la clef
air bag	l'air-bag *m*
four-wheel drive	le quatre-quatre

499

motorbike	la moto
helmet	le casque
bicycle	le vélo
racing cycle	le vélo de course
pedal	la pédale
to pedal	pédaler
tube	la chambre à air
puncture	la crevaison
chain	la chaîne
pannier bag	la sacoche

500

ship	le bateau, le navire
boat	le bateau
sail	la voile
to embark	embarquer
to disembark	débarquer
on board	à bord
disembarkment	le débarquement
to tow	remorquer
tug	le remorqueur
crossing	la traversée

501

to cross	traverser
passage	la traversée, le passage
passenger	le passager, la passagère
cabin	la cabine

deck	le pont
mast	le mât
pilot	le pilote
rudder	le gouvernail
crew	l'équipage *m*
anchor	l'ancre *f*

502

to cast anchor	jeter l'ancre *f*
anchorage	le mouillage
cargo	la cargaison
to sink	sombrer, couler
sinking	le naufrage
shipwreck	le naufrage, l'épave *f*
signal	le signal
to signal	transmettre un signal *m*
lighthouse	le phare
port	le port

503

quay	le quai
oil tanker	le pétrolier
to launch	lancer
salvage	le sauvetage
to salvage	sauver
free on board	franco à bord
waybill	la feuille de route
hovercraft	l'aéroglisseur *m*
hoverport	le hoverport

504

stern	la poupe
bows	l'avant *m*
prow	la proue
starboard	tribord
port	bâbord

keel	la quille
figurehead	la figure de proue
funnel	la cheminée
rigging	le gréement
sail	la voile

505

raft	le radeau
galley	la galère
clinker-built	à clins
galleon	la galion
clipper	le clipper
schooner	la goélette
whaler	le baleinier
trawler	le chalutier
to trawl	pêcher au chalut
factory ship	le navire-usine

506

hydrofoil	l'hydrofoil *m*
powerboat	le hors-bord
dinghy	le youyou
pontoon	le ponton
liferaft	le canot de sauvetage
aqualung	le scaphandre autonome
diver	le scaphandrier
navigation	la navigation
to navigate	naviguer
to weigh anchor	lever l'ancre *f*

507

balloon	le ballon
airship	le dirigeable
aviation	l'aviation *f*
airplane	l'avion *m*
flying boat	l'hydravion *m*

airport	l'aéroport *m*
air terminal	l'aérogare *f*
passenger	le passager, la passagère
business class	la classe affaires
tourist class	la classe touriste

508

farewell	les adieux *m*
air hostess	l'hôtesse de l'air *f*
to land	atterrir
forced landing	l'atterrissage *m* forcé
to take off	décoller
take-off	le décollage
seatbelt	la ceinture de sécurité
to fly	voler
propeller	l'hélice *f*
pilot	le pilote

509

autopilot	le pilotage automatique
black box	la boîte noire
runway	la piste
undercarriage	le train d'atterrissage
sound barrier	le mur du son
to crash	s'écraser
glider	le planeur
to glide	planer
hang-glider	le deltaplane
autogiro	l'autogire *m*

Appendix

Annexe

Days of the week	*Les jours de la semaine*
Monday	lundi
Tuesday	mardi
Wednesday	mercredi
Thursday	jeudi
Friday	vendredi
Saturday	samedi
Sunday	dimanche

Months	*Les mois*
January	janvier
February	février
March	mars
April	avril
May	mai
June	juin
July	juillet
August	août
September	septembre
October	octobre
November	novembre
December	décembre

Seasons	*Les saisons*
spring	le printemps
summer	l'été *m*
autumn	l'automne *m*
winter	l'hiver *m*

Numbers		les nombres	
1	un, une	40	quarante
2	deux	50	cinquante
3	trois	60	soixante
4	quatre	70	soixante-dix
5	cinq	80	quatre-vingts
6	six	90	quatre-vingt-dix
7	sept	100	cent
8	huit	200	deux cents
9	neuf	300	trois cents
10	dix	400	quatre cents
11	onze	500	cinq cents
12	douze	600	six cents
13	treize	700	sept cents
14	quatorze	800	huit cents
15	quinze	900	neuf cents
16	seize	1000	mille
17	dix-sept	2000	deux mille
18	dix-huit	1000000	un million
19	dix-neuf	1st	premier
20	vingt	2nd	deuxième, second
21	vingt et un	3rd	troisième
22	vingt-deux	4th	quatrième
23	vingt-trois	5th	cinquième
24	vingt-quatre	6th	sixième
25	vingt-cinq	7th	septième
26	vingt-six	8th	huitième
27	vingt-sept	9th	neuvième
28	vingt-huit	10th	dixième
29	vingt-neuf	11th	onzième
30	trente	12th	douzième

13th	treizième	90th	quatre-vingt-dixième
14th	quatorzième	100th	centième
15th	quinzième	200th	deux-centième
16th	seizième	300th	trois-centième
17th	dix-septième	400th	quatre-centième
18th	dix-huitième	500th	cinq-centièeme
19th	dix-neuvième	600th	six-centième
20th	vingtième	700th	sept-centième
21st	vingt et unième	800th	huit-centième
30th	trentième	900th	neuf-centième
31st	trente et unième	1000th	millième
40th	quarantième	2000th	deux-millième
50th	cinquantième	millionth	millionième
60th	soixantième	two millionth	
70th	soixante-dixième		deux-millionième
80th	quatre-vingtième		

Proverbs and idioms   Proverbes et locutions

to be homesick — avoir le mal du pays
to have pins and needles — avoir des fourmis (dans)
don't mention it — je vous en prie
it's none of your business — ça ne vous regarde pas
it's all the same to me — ça m'est égal
as deaf as a post — sourd comme un pot
to sleep like a log — dormir comme un loir
as drunk as a lord — saoûl comme un Polonais
a bird in the hand is worth two in the bush — un tiens
    vaut mieux que deux tu l'auras
to kill two birds with one stone — faire d'une pierre
    deux coups
at full speed — à toute vitesse
no sooner said than done — aussitôt dit, aussitôt fait

birds of a feather flock together — qui se ressemble
   s'assemble
every cloud has a silver lining — à quelque chose
   malheur est bon
a chip off the old block — tel père, tel fils
out of sight, out of mind — loin des yeux, loin du cœur
practice makes perfect — c'est en forgeant qu'on
   devient forgeron
he who laughs last laughs best — rira bien qui rira le
   dernier
at night all cats are grey — la nuit, tous les chats sont
   gris
better late than never — mieux vaut tard que jamais
at first sight — à première vue
in the short term — à court terme
in the long run — à long terme
on the other hand — d'autre part
in my opinion — à mon avis
in fact — en réalité, en fait
in other words — en d'autres termes

First names	Prénoms
Alexander	Alexandre
Andrew	André
Anthony	Antoine
Bernard	Bernard
Charles	Charles
Christopher	Christophe
Edward	Edouard
Francis	Francis
George	Georges
Henry	Henri
James	Jacques
Joseph	Joseph

Lawrence	Laurent
Louis	Louis
Martin	Martin
Michael	Michel
Nicholas	Nicolas
Paul	Paul
Peter	Pierre
Philip	Philippe
Raymond	Raymond
Thomas	Thomas
Vincent	Vincent
Alice	Alice
Anne	Anne
Catherine	Catherine
Charlotte	Charlotte
Deborah	Deborah
Eleanor	Eléonore
Elizabeth	Elisabeth
Ellen	Hélène
Emily	Emilie
Esther	Esther
Josephine	Joséphine
Louise	Louise
Margaret	Marguerite
Mary	Marie
Matilda	Mathilde
Ophelia	Ophélie
Patricia	Patricia
Pauline	Pauline
Rachel	Rachel
Rose	Rose
Susan	Suzanne
Sylvia	Sylvie
Veronica	Véronique

Signs of the Zodiac	Les signes du zodiaque
Aquarius	Verseau
Pisces	Poissons
Aries	Mars
Taurus	Taureau
Gemini	Gémeaux
Cancer	Cancer
Leo	Lion
Virgo	Vierge
Libra	Balance
Scorpio	Scorpion
Sagittarius	Sagittaire
Capricorn	Capricorne

Prepositions, adverbs and conjunctions
  Les prépositions, les adverbes et les conjonctions

against	contre
at	à
between	entre
for	pour
from	de
in	dans, en
of	de
on	sur
to	à, dans, en
with	avec
without	sans
above	au-dessus de
down	en bas
under	sous
in front of	devant
opposite	en face de
forward	en avant
behind	derrière

backwards	en arrière
close to	près de
near	près de
far from	loin de
before	avant
after	après
here	ici
there	là
inside	dedans
within	à l'intérieur, dans
outside	dehors
where	où
during	pendant
except	sauf
towards	vers
until	jusqu'à
according to	selon, d'après
now	maintenant
often	souvent
then	alors
never	jamais
always	toujours
at once	tout de suite
soon	bientôt
still	encore
already	déjà
like	comme
how	comment
neither… nor	ni… ni
either… or	soit… soit
and	et
but	mais
why	pourquoi
because	parce que

if	si
yes	oui, si
no	non
well	bien
badly	mal
quickly	vite
slowly	lentement
enough	assez
when	quand
too	aussi
more	plus
less	moins
much	beaucoup
nothing	rien
nobody	personne
perhaps	peut-être
once	une fois
instead of	au lieu de
at times	parfois